38年連戦連勝　伝説の株職人が教える

究極の神チャート術

All stock price
movements can be
seen on the chart!

株は3つのサインが読めればいい!

相場師朗
Aiba Shiro

SB Creative

はじめに
信頼できる「大人の技法」をお届け

　株は技術だ。

　30数年間、私は一貫してこの考えを持ってトレードに当たってきました。そして、その技術について解説した本を執筆してきました。

　本書もまた技術の本です。一体、既刊本とどこが違うのか、同じ内容ではないのか、という疑問を持つ方がいるかもしれません。

　職人が日々の鍛錬で腕を上げるように、私も日々の研究と修練によって技術は上達し、進化しています。本を出版するたびに内容もより高度になっています。

　〝高度〟といっても〝複雑で難しくプロ向き〟というのではありません。誰もが習得でき、素晴らしい成功を期待できる技術が、常に向上していることを意味しています。

　本書は、現段階における相場式の最新の技術を、**投資初級者の人も、経験を積んだ中上級者も、「これなら利益が上げられる！」と納得**していただけるように公開した本です。

　普通の人がよりシンプルに、より勝率を上げられるように技法、戦法を練りに練り上げました。ですから、既刊本とは同レベルではなく、より前進、より進化したレベルの本なのです。

　私はトレードを学び、鍛錬する株塾を主宰して8年になります。

　塾の勉強会では塾生に教えてきたさまざまな技術の中で、どの技術が塾生の勉強する意欲を奮い立たせ、成果を上げられるかを考

え、精選した技術をよりわかりやすく、より深く説明をしています。特にこの1～2年間は、受講生が確実に勝率を上げてきています。

本書では、塾生が成果を上げている技術と同じものを記しています。まさに**現時点での相場式の決定版**といってもいいでしょう。

どの技術も、それは本物の「大人の技法」、信頼性の高い技法です。最後まで読み、きちんと勉強すれば勝てる技術が必ず身につきます。

信頼性が高い技術であるということは、既刊の読者やどのような人が株塾に入り、勉強を続けているかを紹介すればわかっていただけるかと思います。

ある日、私が有名な大病院で受診をした際に、そこの名医と呼ばれる医師が私の本の読者で、一生懸命に株の勉強をしていることを知りました。その医師になぜ読者になったのかをたずねると、「数ある投資本の中でも、解説されている技法に納得できるから」との答えが返ってきました（その後、この医師は株塾に入塾されました）。

また、数々の豪邸の庭を代々管理している植木屋の棟梁は「内容が濃い」ということで読者になってくれました。塾生の中には、医師、弁護士、政治家、そして親子で、ご夫婦で入塾されている人も少なくありません。

もし、信頼できない内容だったら、みなさん、読者にもならないし、塾にも入らないでしょう。つまり、本書で紹介している技術は、**年齢を重ねて、社会経験があり、良識のある大人が納得して、信頼を寄せている技術**だといえるのです。

ところで、私は自己資金でトレードをしています。会社では5名のトレーディングチームが会社の資金を運用しています。そして私

たちは毎日、一日も欠かさず、マーケットの引け後にトレードした全銘柄について、明日はどう運用しようかと全員でミーティングを重ねています。

そして、トレードのメリット・デメリットを確認、改善し、技術の精度を高め、より使いやすいものに練り上げています。実際にこの技術で、私は38年間連戦連勝していますし、チームも運用で利益を上げているのですから、再現性のあることも確かです。

実際に売買をしていなくても、経済指標や株価の動きを研究した評論家のレポートがトレードの参考になることはあります。一方、プロのトレーダーとは名ばかり、実際にお金を投入していない人やインターネットでトレーダーのフリをしている人が書いた本はほとんど参考にならないでしょう。

彼らは、来年はこの銘柄とか、このトレードで億万長者になれるなどと書いていますが、私が見れば、本当にトレードで儲かっているのかどうかはすぐにわかります。

自己資金でトレードしていない人たちは、売り買いをするタイミングについて話すことができないからです。
「来年の経済はこうなるから買いだ」「この企業の業績が好調だから買いだ」と言われても、では「いつ買うのか」「株価がどのように動いたら買えばいいのか」については、彼らは語れないのです。

　本書では、**売買をするタイミングについても、きちんと解説**しています。それもチャートを使って具体的に解説しています。

第1章の例題の解説では、最初は3割理解できれば大丈夫です。本書を読み込んで勉強すれば、私が解説したようなトレードができるようになり、ずっと続けていけば、資産を築くことができます。
そのためには、「毎日トレードする必要があるのでは？」と思う人

がいるかもしれません。

　相場式トレードは月に１回か２回の売買で十分、利益が上がるゆったりした手法です。

　それは高確率で成功できる局面でしか、トレードをしないからです。これを私は「**ド・ストライクを狙うトレード**」としています。「ド・ストライク」を狙うには、**３つのサイン**を読んでほしいと思います。そして、「ド・ストライク」がどのような意味を持つのか、「ド・ストライク」を狙う技術にはどのような手法があるのか、これもチャートで示し、わかりやすく解説していきます。「ド・ストライク」を理解し、納得していただけると思います。

　もちろん、「ド・ストライク」を外してしまったときの対処法も述べてあります。それが「建玉の操作」です。

　また、ここ数年、米国株に対する関心が高まっています。本書で説明した技術は米国株にも通用します。米国株の値動きの特性を知り、動きを予測してトレードすれば、相場式の技術で利益を取っていけます。

　先ほど、相場式はゆったりしたトレードとお話ししましたが、実はデイトレードでも使える技術なのです。トレードの基本はスイングトレード（数日から数週間の売買）と同じです。ただ、デイトレードならではの注意も必要です。失敗を避けるために気をつけてほしいことも、デイトレードの手法と併せて解説しています。

　最後に、本書では**１億円を目指す道筋を提案**しました。

　その道筋は、プロではないごく普通の人が、それも株をこれから始めようとしている人が、真剣に取り組めば、１億円を目指せる現実的なプランです。

本書で、大人が信頼を寄せる技術を学び、練習すれば1億円は夢ではありません。

　それでは、前置きはこのぐらいにして、これから1億円を達成する「技術」を解説していきましょう！

相場師朗

第 1 章
「例題と解説」で
トレードの大枠をつかむ!

第 2 章
株の技術を習得するための
「5つの基本」

第 3 章

「移動平均線」という道具で株価の動きを予測する

第6章

技術を磨けば
「デイトレ」で毎日稼げる!

「例題と解説」で トレードの 大枠をつかむ!

01

ローソク足と100日線に注目!
上昇、下落のトレンドをつかむ

■■■最初に覚えるべき3つのルール

　技術をレクチャーする前に、実際のトレードを再現してみましょう。すると相場式トレードがどのような技術を使い、利益を上げていくのか、トレードの大枠が理解できると思います。

「まったくの初心者なんですが、理解できるでしょうか?」という心配があるかもしれません。

　大丈夫です。相場式トレードの技術をまだ学んでいなくても、最初に以下の3つのルールを覚えて、シミュレーションを見ていけば、トレードの大枠は理解できます。

　たとえ、現時点ではほとんど理解できなくても、相場式トレードがどのようなものかを把握できればそれでOKです。

■■■ローソク足と100日線に注目「3つのルール」

①チャートを見たら、ローソク足が100日移動平均線の上か下かに注目する

　トレードの前には買うか、売るか、基本的な戦略を決める必要があります。その際、相場式で使用するのは「移動平均線」*と「ローソク足」です。

　頻繁に使う移動平均線は、5日移動平均線、20日移動平均線、60日移動平均線、100日移動平均線です(以下、略して5日線、20日線、60日線、100日線)。

---

*移動平均線　一定期間における終値の平均値を線でつなぎ合わせてグラフ化したもの

例題では 100 日線に注目してください。

②ローソク足が 100 日線の上にあれば、「買い」で戦う。

上級者になれば「売り」で戦えるが、基本的にリスクは冒さない

ローソク足が 100 日線の上にあるということは、過去 100 日間の平均株価より、現在の株価のほうが〝高い〟ということなので、上昇する可能性が高いと予測できます。

上昇局面では「買い」で戦います。

このような上昇局面での空売り＊は、基本的にリスクになります。それは 1 日下がっても、すぐに上昇に転じる可能性があるからです。**100 日線の上にローソク足があるときは、下がっても空売りを入れず、株価が再び上がり始めてから、買ったほうが利益を得やすく、リスクは小さい**といえます。

では、「まったく空売りができないのか？」というとそうではありません。トレーニングを重ねれば 100 日線の上にローソク足があっても、少しだけ空売りをして利益を得るトレードができるようになります。

とはいえ、たとえ上級者になっても、基本的に **100 日線の上では「買い」だけ、下では「売り」だけで戦うと決めておいたほうが安全**といえます。

③ローソク足が 100 日線の下にあれば、「売り」で戦う。

上級者になれば「買い」で戦えるが、基本的にリスクは冒さない

100 日線の下にローソク足があるのは、過去 100 日間の平均株価より、現在の株価のほうが〝安い〟ということなので、下落する可能性が高いと予測できます。

＊空売り　証券会社から株を借りて売り、その株が値下がりしたところで買い戻して、借りた株を返済し、差額を利益にする投資手法

下落局面では「売り」で戦います。

②と同様に「買い」を入れるのはリスクになります。**いったんは株価が上がっても、すぐに下げに転じる可能性**があるからです。ですから、リスクを取らず、勝てる可能性が高い「売り」で戦うというのが基本になるのです。上級者になれば、100日線の下にローソク足があっても、「買い」を少しだけ入れてトレードできるようになります。

　例題の解説では、このほかにもルールが出てきますが、まずは「基本中の基本」ともいえる、この3点を念頭に置いてもらって、以下の解説に進んでいただきたいと思います。

　なお、私は多様な移動平均線を表示させるのに、パンローリング社の「チャートギャラリー」というチャートソフトを使用しています。

ローソク足と100日線の関係に注目する

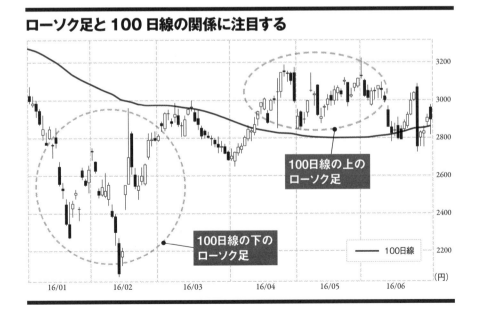

100日線の上のローソク足

100日線の下のローソク足

100日線

(円)

16/01　　16/02　　16/03　　16/04　　16/05　　16/06

02

例題1　鹿島建設

ローソク足が 100 日線の下、
「売り」で利益を得るパターン

■■■■■まずは100日線とローソク足の位置関係を見よ

　ここからは3つの例題チャートを取り上げ、解説していきましょう。最初に解説するのは、**鹿島建設**（銘柄コード 1812）です。

　チャート①の★のローソク足を見て「買い」か「売り」か、どちらで戦うかを考えてみましょう。

　先の項目で前述した3つのルールを思い出してください。

　100 日線とローソク足の位置関係はどうでしょう？

　100 日線の下にローソク足があります。ですから、基本的には

鹿島建設の日足チャート①

	5日線	
	20日線	
	60日線	
	100日線	

20/06　　　　　20/07　　　　　20/08　　　　　20/09　　　（円）

1350
1300
1250
1200
1150
1100

「売り」で戦う場面です。次に100日線以外の移動平均線を見ると5日線の下に陰線です。

そこで空売りを入れてみましょう（**チャート②**）。建玉＊は**1－0**。売りが「1」で、買いが「0」です（数字は「売買」の順で表します）。「1」の売買単位は100株だったり、資金に余裕があれば5000株（個人投資家が空売りを発注できる株数の上限）だったり、人によってさまざまです。

売りでエントリーした翌日は、陽線のローソク足が100日線を踏んで終わりました。**ローソク足は100日線の上でも下でもなく、株価が上下のどちらに動くか、判断しにくい局面**になってしまったのです。

このようなときには、**いったん手じまい**します。損切りになるものの、ほとんどマイナスはないはずです。翌朝、売りを決済します。

鹿島建設の日足チャート②

＊建玉　売買の約定をして、手じまいをしていない約定総数をいいます。建玉「1－0」とは、売り玉が1、買い玉は0という意味

建玉は**0-0**です。

　よく、含み損が 20 万円にも、30 万円にもなったと嘆いている人がいますが、それは損切りのタイミングを見失っているからです。

　相場式ではこのように予測が難しい局面を迎えたら、すぐに手じまいをします。よってマイナスが膨大にふくらんでいくことはまずありません。

　しかし損切りをしたら、そこで終了ではありません。この先、株価がどう動くのか、流れを追い、エントリーできる局面が来たら、また売買を行います。

　トレードでは上級者でも、10 回のうち 2 回は予測が外れると思ってください。見方を変えれば **8 回は成功する**のです。ですから、損切りをしても、その後、8 回の成功で損は十分取り戻せるはずです。損切りは、トータルで勝利するための〝必要経費〟だといえます。

■■■■「買いで戦う」「売りで戦う」ときの新ルール

　では、チャートに戻りましょう。ローソク足が 100 日線の上に出ました。買いで戦う局面になりました。

　しかし、すぐに買いエントリーしてはいけません。

　新しいルールを加えます。

　「買いで戦うのは、5 日線の上に陽線」というルールです。

　次ページの**チャート③**を見ると、5 日線の上に陰線です。ですから、この日は何もしません。建玉は**0-0**です。

　次の日は 100 日線の下にローソク足がありますから、売りで戦う局面です。さて、ここにも新しいルールを加えましょう。

　「売りで戦うのは、5 日線の下に陰線」というルールです。

チャート③の★のローソク足はどうでしょう？

確かに100日線の下にローソク足がありますが、5日線の下は陽線です。ですから、この日も売りは入れません。建玉は **0－0** のままです。次は100日線をローソク足が踏んでいます。上でも下でもないから何もしません。これで損切りをしてから3日経ちました。

ということは3日間、売りも買いも、何もしていないことになります。読者のみなさんはトレードが大好きですから、「何か建玉を入れたいな！」「何もしないのはもったいないなあ」と思うかもしれません。

■■■■ 確信を持ってトレードできる局面を待つ!

しかし、〝何もしないで待つ〟ことはトレードの成功、失敗を左右する重要なキーポイントになります。

鹿島建設の日足チャート③

5日線		
20日線		
60日線		
100日線		

0-0
何もしない
1-0
0-0
1-0
0-0

1350
1300
1250
1200
1150
(円)

20/08　　20/09　　20/10

では、何を待っているのでしょうか?

それは「買い」か「売り」か、ある程度の確信を持ってトレードできる局面です。

野球でいえば、バッターボックスに立つ打者がストライクゾーンに入って来る球を待つのと同じです。ボール球を打っても、なかなかヒットにはなりません。手を出したいのをがまんしてド真ん中のストライクを待つ。ストライクが来たときだけバットを振る——それがクリーンヒットになり、ときにはホームランになります。

トレードにも、同じことが言えるのです。

何もせずに待った翌日。さあ、これはどうしましょう?

ローソク足は100日線の下です。したがって、空売りで戦う場面です。さらに、5日線の下に陰線です。

やっとストライクが来ました。ここは「売り」で戦える場面といっていいでしょう。

建玉は**1−0**です。移動平均線の並びから、この先、下落するとは言い切れないので2−0にはしません。

そして、ここでもう1つ、覚えてください。

それは「株価の流れを理解する」ということです。

■■■■■「株価の流れ」と「移動平均線との位置関係」

直近数日間の株価の動きを見てください(次ページの**チャート④**)。

いったんは上がったものの、すぐに下げに転じています。1日上げただけで、下がってしまったのです。

この上げ下げの株価の流れはどうでしょう?

投資家たちが相場の見通しに迷いを持っている場面といえます。

ここから、力強く上昇していくとは思えないでしょう。この流れ

と **100日線の下にローソク足**、しかも **5日線の下に陰線**という位置関係を併せて考えれば、ある程度の自信を持って「売り」を入れられるのではないでしょうか？

そして翌日は……。

チャート⑤を見ると、前日でほぼ横並びだった株価が大きく割り込んでいます。このような局面では、さらに下落すると推測でき、**「売り」を追加**します。

■■■■ 並んだところを株価が割り込んだら？

ここでまたルールを加えてください。

「何日間か並んだところを株価が割り込んだら売りを追加する」

1つ売りを追加して、空売りを「2」にしましょう。**2－0**。

そして翌日……。

鹿島建設の日足チャート④

上げ下げの株価の流れ

何もしない

1-0

5日線
20日線
60日線
100日線

1350
1300
1250
1200
1150
（円）

20/08　　　20/09　　　20/10

　ローソク足は 100 日線の下で、さらに 5 日線の下で陰線。まだ、決済する必要はないですね。まもなく 20 日線が 60 日線を割ってきそうです。

　その次の日も 100 日線の下で、5 日線の下に陰線。このままでいいでしょう。

　3 日間、株価が並んだところを割り込んだので、さきほどのルールに従って、売りを追加します。**3－0**になりました。

　移動平均線は 20 日線が 60 日線を割って、100 日線に近づいてきました。

　ローソク足はずっと陰線が続いています。

■■■■ 下落トレンドの中で1つ目の陽線はがまん！

　すると陽線が出ました。ここで 5 日線の下に陰線というルールが

鹿島建設の日足チャート⑤

崩れました。手じまいにすべきか、どうするか？　迷う局面かもしれません。

このような局面にぶつかったら、従ってほしいルールがあります。

「株価が下落している流れの中で、１つ目の陽線はがまんする」といういうルールです。

ですから、ここでは何もしません。

その次の日は陰線ですから、手じまいしなくても大丈夫です。

さあ、次に２個目の陽線が立ちました。とはいえ、５日線の上ではありません。そこで、もう少し、保有していてもいいのですが、**前の安値**＊で下げ止まる可能性もあるので危険を冒さず、手じまいにしましょう。

これで例題１が終わりました。建玉操作の「１」を1000株とした場合、このトレードでざっと30万円ぐらいの利益が出るでしょう。１銘柄で30万円ですから、２銘柄なら60万円の利益になります。

さて、例題１のトレードの解説を読んで、どのくらい理解できましたか？　**現時点で３割くらいわかっていれば、これからあなたは相場式をマスター**できます！

＊前の安値　「直近の」安値（ローソク足でいうとヒゲの先端）のこと。前の安値で下げ止まったり、安値を抜けると下落に弾みがついたりします

03

例題2　王子HD

ローソク足が 100 日線の上、「買い」で利益を得るパターン

■■■■ 100日線と5日線の上にあるローソク足

例題1の鹿島建設では、チャートを見て、ローソク足が100日線の上か、下かで戦い方を決めるのがルールでした。例題2の**王子ホールディングス**（銘柄コード3861）も同じです。

チャート①の★のローソク足を見ると、100日線の上にローソク足があります。これは買いで戦う場面でしたね。

例題1では、「買いで戦うには、5日線の上に陽線」というルールがありました。

王子HD の日足チャート①

ここもそうです。**チャート①**では、ローソク足が100日線の上に
あり、さらに5日線の上に陽線があります。買いで戦える局面です
が、陽線といっても、その形はコマです。コマは株価が上下のどち
らに動くのか方向がはっきりしないときに出現しやすい形です。

　ですから、この局面ではまだ、買いエントリーはしないほうがい
いでしょう。

　その翌日はどうかというと100日線の上ですが、陰線です。ここ
も〝待て〟です（**チャート②**）。

　すると、その次の日には100日線の上で、さらに5日線の上に陽
線が出ました。これは買ってもいい局面です。ちょっと買ってみま
しょう。

　建玉は**0－1**です

　なぜ、0－2ではないかというと、100日線と60日線が近づい

王子HD の日足チャート②

ていますが、**まだ 20 日線が 100 日線と 60 日線の下に**あります。移動平均線がこのような位置関係にあるときには、この先、株価が順調に上昇していくとは考えにくいのです。いつ下がるかわからない状態です。ですから、今は「1」にしておきましょう。

エントリーした翌日は 500 円を超えました。しかし、前の高値までにはまだ届いていません。もう少し、上昇する余地がありそうです。そこで、まだ手じまいをしません（**チャート③**）。

■■■ 上に出たローソク足が前の高値を抜けない!

前の高値を見ると、100 日線の下で動いていたローソク足が、初めて 100 日線の上に出て高値をつけています。その後はまた 100 日線の下に入り、9〜11 月までなかなか上に抜けることができません。

王子HD の日足チャート③

そして、100日線の上に再び出たものの、上げ下げを繰り返し、なかなか前の高値を抜くことができません。投資家たちが買いか売りか「どうしようどうしよう」と迷っている様子がよくわかります。

例題1でお話しした野球にたとえれば、このような局面はボール球の連続。ストライクゾーンとは言えず、ヒットは狙いにくい場面でしょう。

さて、500円の**節目**＊を超えたあと、ローソク足が5日線の下に入ってしまいました。ここで手じまいを考えますが、ローソク足は100日線の上で陽線です。もう1日待ちましょう（**チャート④**）。

すると **100日線の上に60日線が出てきました。** 今までずっと100日線が60日線の上だったのに、ここで入れ替わりました。

このようなチャートを見たら、みなさんは **「これからどうなるんだろう？」とワクワク** しながら、動きを見守ってください。

王子HD の日足チャート④

＊節目　株価の流れが転換する起点の株価をいいます。節目には500円、600円などキリのいい株価や前の高値・安値などがあります

■■■ 損切りで大損する人の特徴とは？

しかし、ローソク足は 5 日線の下に入り、陰線になってしまいました。

買いで戦うルールは 5 日線の上に陽線でした。ですから、ここで損切りをします（**0－0**）。

このまま下がってしまうことも考えられるので、リスクを冒さないために損切りをするのです。この損切りではそう大きな損失は出ていないはずです。

投資家の中には、損切りができずに数十万円も損をした人、あるいは 1000 万円以上もの損をしたという人もいます。私が主宰する「株塾」の塾生にもいました。

そのような人の多くは**回避できたはずのリスクを回避せず、いわばボール球に手を出し、あげくの果てに肝心のストライクを見逃し、アウト**になっているのです。

相場式はストライクにしか手を出さず、リスクに対しては大ケガを負う前に対処します。ですから、回収できないほどの損失を出すことはまずありません。事実、1000 万円以上の損を出した塾生も、現在はそれを上回る利益を上げています。

■■■ 移動平均線がPPPになったら上昇のサイン

では、チャートに戻りましょう。見守っていた移動平均線の動きですが、100 日線の上に 60 日線が出ました。このあとも、上がっていけば、20 日線が上に出て、下から 100 日線、60 日線、20 日線、5 日線の並びになります。この並びを相場式では **PPP**（パンパカパーン）＊と名づけ、上昇のサインとしています。

とはいえ、この場面は PPP が完成する手前です。まだ、下がってしまう危険性もあります。上昇の雰囲気はありますが、売買はし

＊ PPP　ファンファーレとともに上昇していくイメージから PPP（パンパカパーン）と名づけています

ません。

　もし、戦うとすればローソク足が100日線の上ですから買いです。しかし、**5日線の上に陽線という買いのルールを満たしていない**のでリスクは冒さず、ここでは売買しないほうが賢明なのです。

　すると**ローソク足が100日線の下**になってしまいました。それも**5日線の下に陰線ですから、空売り**です。しかし、ローソク足を見ると、**上がるか下がるか先行きが不透明なときに出現しやすいコマ**です。ストライクとは言い切れません。だから、ちょっとがまんしましょう。前に（26ページの王子HD）100日線、5日線の上に陽線が出たが、コマだったので買わなかったのと同じ場面です。

　何も売買せずに、がまんして見ていると移動平均線が入り組んできました。

　そして**ついに100日線、5日線の上に陽線が出現**しました（**チ**

王子HDの日足チャート⑤

- 5日線
- 20日線
- 60日線
- 100日線

1つ目の陰線はがまん

0-0

0-3

0-1

0-0

0-1

100日線の上に60日線

ローソク足が100日線の下に

20/09　　20/10　　20/11

540
520
500
480
460
440
(円)

ャート⑤）。これは買っていきます。建玉は**0−1**です。1にしておくのはまだ5日線が20日線の下にあり、PPPにはなっていないからです。

買いエントリーした翌日にも陽線が出て、5日線が20日線の上に抜けてきそうです。

ここで考えてほしいのは500円という節目です。今まで500円を抜けず、下落しています。今まで、なかなか500円を抜けて上昇できませんでした。ですから、この場面でも500円は大きな意味を持ちます。もし、500円を超えたら買いを追加です。

■■■■ 前の高値、節目を超えて、PPPへ！

さて、例題1の鹿島建設では下落して株価が前の安値と並び、それを割り込んだので空売りを追加しました。

上昇局面でも同じです。上昇してきて、前の高値で株価が並んでいるところを抜いたら買いを追加します。

続騰して前の高値を抜きました。そのうえ、節目の500円も超えました。移動平均線もPPPになりました。これは明らかにストライクゾーンですね。

建玉で2つ追加して、買いを3にしましょう。

建玉を**0−3**にした翌日はPPPで陽線が続いていますから、このままホールドします。

さあ、陽線の次に陰線が出ました。どうしましょうか？

例題1の場面を思い出してください。ずっと陰線が続いて、初めての陽線が出たときには切らずにがまんでした。この場面も同じです。

ずっと陽線が続いて、1つ目の陰線はがまんしましょう。

その次の日です。2つ目の陰線です。ここで、いったん手じまいということになります。

　例題2を終えて、どのくらい理解できましたか？
　例題1と同様、3割くらい理解できれば十分です。まだ、相場式トレードの技術については、何も学んでいないのですから、それでいいのです。

例題3 ZHD

「売り」か？　「買い」か？
チャートを見ながら考えよう

■■■■ローソク足は100日線の下にあるけれども

　例題1の鹿島建設は売りで、例題2の王子ホールディングスは買いで、利益を得ました。

　今回のZホールディングス＊（銘柄コード4689）はどうなるでしょう？　**チャート①**を見て一緒に考えながらやっていきましょう。

　★のローソク足の位置は100日線の上でしょうか？　下でしょうか？　下ですね。するとこの場面は売りか、買いか、みなさんはどちらで戦いますか？

ZHDの日足チャート①

5日線
20日線
60日線
100日線

450

400

350

(円)

18/06　　　　　18/07　　　　　18/08　　　　　18/09

＊ Zホールディングス　元はヤフー株式会社として設立され、2019年に法人名を変更

売りですね。ただ、ローソク足の形を見てください。コマです。ですから、ここではやめておきましょう。

　次の日は100日線の下ですが、陽線なのでここもやめておきましょう（**チャート②**）。

　翌日は**100日線、5日線の下に陰線**が出ました。そこで**空売り**を入れてみます。**1-0**。

　翌日、陽線が出ましたが、まだ5日線の上ではありません。しかし、その次の日には5日線の上に出てしまいました。どうしますか？

　大きなリスクを冒さないためには、この場面は損切りですね。**0-0**です。では、ここでトレードを終了しましょうか？

　相場式トレードは10回中、おおよそ8回はうまくいくトレードです。ここでやめてしまうのはもったいないと思いませんか？

ZHDの日足チャート②

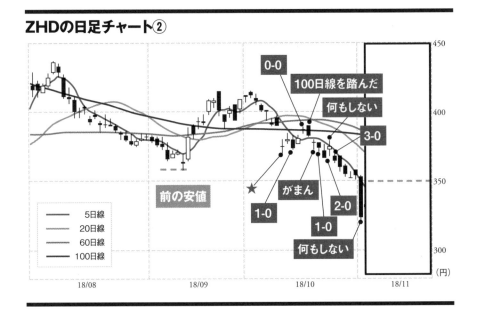

　もう少し、トレードしてみましょう。

　損切りの翌日は陰線が 100 日線を踏み、その次は **100 日線、5 日線の下にローソク足**が入りましたが、**コマなのでがまん**です。

　さあ、100 日線、5 日線の下に陰線です。どうしますか?
「売り」と回答できれば正解です。建玉は **1－0** です。

　翌日は、**並びを割って下落**しました。どうしましょう?

　例題 1 と同じ場面ですから……**売りを追加**します(**2－0**)。

　翌日は陽線ですが、5 日線の下なので何もしません。

　次は下がってしまい、陰線が出てしまいました。ここでルールを加えます。

　このような局面で 5 日線の下に陰線が出たら **「上がって下がったときには、売りを追加」**というルールです。

　移動平均線の位置を見てください。20 日線が 60 日線を割って、もうすぐ 100 日線も割ってしまいそうです。これは下落の勢いが強いと考えていいでしょう。

　売りを 1 つ追加しましょう。**3－0** です。

　では、さらに株価を追って見てましょう。

　続落している局面で注意したいのは、**350 円の節目と前の安値**まで下がったときに、株価は上がるか下がるか、どうなるかです。

　結果、350 円を割ってしまいました。みなさん、売りを追加したいと思いましたか?

　ただ、大きく下げたときはそろそろ底値圏とも考えられ、反発して上昇していく可能性もあるので、追加はやめておきましょう。

　移動平均線ですが、60 日線が 100 日線を割って逆 PPP になりました。

　逆 PPP は、例題 2 の王子 HD で解説した、上昇を示す PPP と逆の並び方です。

上から移動平均線が100・60・20・5日線という並びになり（短期移動平均線が一番下）、株価の動きが下落になるというサインです。

　チャート③のローソク足を見ると陰線ですが、5日線の上に2日間位置していたので、ここでいったん空売りの手じまいをして、利益を確保しておきましょう（**0－0**）。

　下落を示す逆PPPなので株価が5日線を下回ったら、また売りを入れてみましょう。

　5日線の下に陰線が出ました。売ってみます。逆PPPなので**2－0**です。さて、この売りはどこで決済しましょう？　株価は節目の300円に近づいています。300円は大きな節目です。節目では下げ止まる可能性もあるので、いったん切ったほうがいいでしょう。これで終了です。

ZHDの日足チャート③

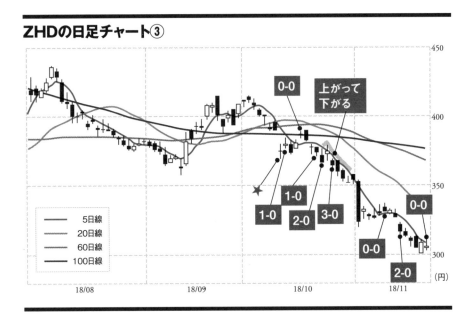

05

相場式トレードでは
10回中8回は成功する

■■■■ 成功する根拠、「相場式」の再現性とは?

ここまで3件の例題を取り上げ、解説をしてきました。

みなさん、100%理解できなくても、相場式トレードは「こんな感じなんだな」と大枠を理解してもらえればけっこうです。

しかし、この例題で使ったルール、いわば「技術」はほんの一部、基本中の基本です。わかったつもりになって、「明日からトレードしてみよう!」と調子に乗ってはダメですよ。

まだまだ学ぶべきワザはいっぱいあります。例題1〜3では対処できない場面も当然あります。

これから、もっと技術を習得していけば、売買のエントリーをして10回中8回はうまくいくようになります。8回成功すれば、かなりの利益が獲得できると思いませんか。

本書を最後まで読み、相場式をきちんと学び、練習すれば、何度も言いますが、10回中8回は成功します。これは保証します。

保証する根拠を示しましょう。

「相場式の再現性」です。

■■■■ 株で利益を上げる教え子からのメール

その再現性を株塾の塾生からいただいたメールとともに、ご説明したいと思います。このメールを読んでいただければ、みなさんの人生も変わる可能性があります。

メールは、相場式トレードでどのくらいの利益を上げることがで

きるかをシミュレートした結果について書かれています。

　人生は、お金があればすべてうまくいくわけではありません。ただし、お金がないとできないことだってあります。**お金は人生のすべてではなくても、不可欠な、大事なもの**だと思います。

　そのお金を儲ける手段のひとつがトレードです。ですから、トレードの成功率をないがしろにはできません。トレードを成功に導くのは、再現性のある技術です。このメールは相場式トレードの再現性を明確に示しています。

　どうぞご一読ください。

　入塾3年半を過ぎ、先生の教えが、どれだけ自分の中に定着しているのか、テストしてみたくなり、1銘柄固定でチャートの先を隠し、トレードをして収支を記録して、実際どれだけ利益を出すことができるかやってみました。

　銘柄は、スズキ（銘柄コード7269）、1回の株数は1000株と決めて11年間トレードしました。

　その結果、思った以上に利益が出ることがわかりました。あまり動かない時期が長く続いても、大きな損切りをしても、きっちり入るべきところで入り、切るところで切れば年単位ではしっかりプラスになることがわかりました。

　スズキ　1000株
　（※筆者注:以下の金額は、株式投資による毎年の利益です）
　2008.3-2009.2　192万9000円

```
2009.3-2010.2  136 万 9000 円
2010.3-2011.2   77 万 1000 円
2011.3-2012.2  123 万 2000 円
2012.3-2013.2  125 万 4000 円
2013.3-2014.2  200 万 1000 円
2014.3-2015.2  230 万 8000 円
2015.3-2016.2  137 万 5000 円
2016.3-2017.2  183 万 3000 円
2017.3-2018.2  187 万 9000 円
2018.3-2019.2  244 万 2000 円
         計 1839 万 3000 円
```

ずっと続けていくことで、ここは危ないとか、逆行しても少しがまんすれば戻ってくるから様子を見ようとか、どっしり構えることができ、多くの銘柄を渡り歩くことも効率的ですが、絞ることにも利点があるとわかりました。

メールをくれた塾生は 58 歳の主婦の方です。1000 株で 2008 年の 3 月から始めて、2019 年の 2 月まで売り、買いを繰り返しています。

スズキは当時、株価 2000 円くらいの銘柄でしたから、200 万円（2000 円 × 1000 株）で買って、その年の利益が 192 万円。「元手 200 万円 + 利益 192 万円 = 392 万円」なので、1 年間で利益を合わせると、元手の約 2 倍になったわけです。

2 年目は、前年の利益 192 万 9000 円は投資資金に入れず、また

1000株で始めています。そして136万円の利益です。

　複利ではなく（利益分は運用に回さず）、毎回、常に1000株ずつのトレードでも、11年で約1900万円の利益を得ています。

　もし1年目の利益を2年目の投資資金に入れ、1年目と2年目の利益を3年目の投資資金に入れというのを行っていくと、11年間で利益は億を超えていることでしょう。

■■■■ストライクしか狙わないからうまくいく

　さらにこのメールには、本書で学びトレードを始めるみなさんにとって最良のアドバイスがあります。それは——

「あまり動かない時期が長く続いても、大きな損切りをしても、きっちり入るべきところで入り、切るところで切れば年単位ではしっかりプラスになることがわかりました」

　入るべきところで入り、切るべきところで切る。これはとても重要なことです。

　トレードが好きな人は株価があまり動かないと、待っているのに嫌気が差して何か手を出したくなるものです。

　野球にたとえれば、バッターボックスに立って、ボール球ばかり来ると、なんだか振りたくなるのと似ています。ボール球を振ってもヒットにはなりません。

　ですから、ストライクを待つ。ストライクを待って、打てば、必ずいい結果になるのです。

　それが「入るべきところで入り、切るところで切れば年単位ではしっかりプラスになる」ということです。

　これは相場式トレードに再現性があるということです。そして、

それがわかり、「すごく自信になりました」ともおっしゃっていま
す。

　つまり、相場式を信じて、練習を怠らず、トレードを続ければプラ
スになるということです。

　この塾生だけでなく、多くの塾生がいろいろな銘柄で相場式の技
術を使ってトレードして、成果を上げています。

　再現性があるからこそ、10回中8回の成功率を収めることができ、
基本的に相場式はうまくいくのです。

　うまくいかないものを、時間をかけて学ぶのは時間のムダです。
再現性や成功率が実証されたトレード手法を学んでこそ、習得に費
やした時間が報われます。

06

技術の習得
錦織圭選手から習う技術は
ニセモノか!?

■■■ 正しくワザを習得し、練習すべし

　ただし、みなさんに注意していただきたいことがあります。

　それは、実際にトレードに臨んだときのことです。本書を最後まで読み、技術を習得したと思ってトレードを始め、でも失敗したとします。そんなときにみなさんがどう思うかです。

　私は、プロテニスプレーヤーの錦織圭さんとお話をする機会があります（私は錦織選手のスポンサーを務め、応援しています）。

　例えば彼に、会議室で3時間みっちり、サーブのノウハウを習ったとしましょう。その後、テニスコートで実際にサーブを打ってみたところ……日本では断トツ1位であり、世界的プレーヤーの錦織圭さんに3時間も教わったのに、うまくできませんでした。そこで「錦織圭が教える技術はニセモノだ！」なんて私が息巻いていたとしたら……。

　みなさん、どう思いますか？

　そう言う私を「ヘンなおじさん」と思うでしょう。

　つまり、錦織圭選手の技術がニセモノなのではなくて、私が習った技術をモノにできていないだけの話です。

　このたとえ話と同様、もし実際のトレードがうまくいかなかったとしても、相場式の技術がニセモノなのではなく、あなたがどこかで間違って理解している可能性があります。

　思うようにトレードができなかったら「こんな本、役に立たない！」と言って本を捨ててしまうのではなく、「どこか間違って理

解していた箇所があるな」と思って読み返していただきたいのです。

　すると 1 回読んでわかったつもりでいたことが、実は腑に落ちていなかったり、「ストライクを狙え」というのにボールばかりに手を出していたり……自分のトレードの間違いに気づくはずです。

　自分ができなかったことの原因に気づき、間違いを修正していけば、メールでご紹介した塾生のように、必ず勝率を上げられるようになります。

　本章の最後に、相場式を信じてみなさんに頑張ってもらうために、もう一通、塾生からのメールを紹介しましょう。

　貴重なアドバイスをありがとうございます。

　これまではとことん、上げの順張りトレードをしてきましたが、本日はかなりの買いを手じまいしました。

　少し様子を見て、局面を冷静に判断しようと思っております。

　それでもうれしいことに、今月の利益は 186 万 2533 円になりました。

　退職したあと、毎日、チャートを見るのが楽しく、「待つより探す」というスタンスで多くの銘柄を選んでしまい、常に株取引をしていないと不安になってしまう、いわゆる〝ポジポジ病〟＊にかかっていたと反省しています。

　これからは、ストライクの銘柄に絞る作業に注力していきたいと思います。

　メールの最初に書かれている「貴重なアドバイス」というのは、私が塾生にお送りした以下のメールを指します。

＊ポジポジ病　「ポジ」とはポジションのこと。トレードをしたい焦りから、ムダに買いや売りのポジションを持ちすぎてしまうこと

「PPP の局面で利益を出していた人の中には、PPP が終わり、局面がもみ合いになると、儲けを全部吐き出してしまった、つまり儲けを失ってしまったという人が少なからず出現します。

**　その理由は、相場の局面が変わったのに、前と同じ手法でトレードを続けていたせいです。そうすると前のトレードの利益が全部取られて、マイナスになってしまいます」**

　賢明なこちらの塾生は、私のメールを読んで、局面が変わったタイミングで手じまいをしました。そして、常時トレードをするのではなく、株価の動きが高精度で予測できるストライクになるのを待って、トレードを行ったら成功したそうです。

　こちらの塾生は大手企業に勤務していましたが、60歳を目前にして株塾に入りました。そして、一生懸命勉強して、60歳になると周囲の反対を押し切り、退職。その後、本格的にトレードを始めて、今では毎月200万円前後の利益を上げています。

　このメールも、先ほどの塾生と同じように相場式のトレードをマスターすれば利益が上がることを証明しています。このようなメールはここで紹介しきれいないほど、多くの塾生からいただいています。

　さて、本章では、基本的な例題3つと、塾生からのメールを紹介しました。

　相場式には再現性があり、局面に応じたトレードをすれば利益を上げられることを理解していただけたのではないでしょうか。

　さあ、みなさん、相場式を信じて、安心して勉強してください。勉強すれば必ず報われます！　3000人の株塾生を指南している私が保証します。

第 2 章

株の技術を習得するための「5つの基本」

01

株職人の道具は「ローソク足」「移動平均線」「節目」

■■■■道具を使いこなすワザを習得する

第1章の例題の解説で、相場式トレードの大枠をつかんでいただいたのではないでしょうか。

この章では、相場式トレードを実践するために習得してほしい技術についてお話ししていきます。今、〝技術〟という言葉を使いましたが、私は常々、「株は技術だ」「私は株職人だ」と公言しています。**株式投資には特別な才能もセンスも必要ありません。**ましてや〝運〟などまったく関係ありません。株式投資は職人の世界と同じです。一流の技術を持った職人が、その技術で一生食べていけるのと同じで、技術をきちんと身につければコンスタントに稼ぐことができるのです。

■■■■株式投資における3つの道具

職人の技術とは、道具を使いこなすワザと言い換えてもいいかもしれません。

投資における道具は、この3つです。

①ローソク足

②移動平均線

③節目

ローソク足には陰線、陽線があり、移動平均線には5日線、20日線、60日線、100日線があります。

節目には1000円ごと、500円ごと、100円ごとの区切りなどキリ

のいい株価や、前の安値・前の高値などがあり、節目の価格は銘柄
によって異なります。

■■■■ 道具を使いこなす技術は鍛錬で身につくもの

　基本的にこれ以外の道具は使いません。これらを使って値動きの
クセを見抜き、先の動きを予測するのが株式投資における技術です。

　例えば、料理人にとって包丁は道具ですが、同じ包丁を使っても、
その人の技量によって、料理の出来が違ってきます。料理の良し悪
しは包丁を使う人の腕によるところが大きいといえます。

　腕とは技術のことです。そして技術は、日々の鍛錬によって身に
ついたものです。

　トレードも同じです。

　みなさんも、技術をしっかり学び、身につけてください。

株職人の3つの道具

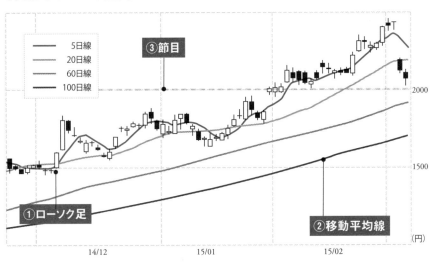

02

5つの基本

技術を習得するための
5つの道筋

■■■■■技術のエッセンスを5つにまとめてお届け

　第1章の例題を見てトレードの大枠はつかめましたよね？　でも正直、自分の判断で売り買いするとなると、まだ尻込みしてしまう人もいるかもしれません。

　繰り返しになりますが、今は3割、理解できていれば十分です。

　千里の道も一歩から。ここでは、技術を習得するための最初の道筋を、次の5つにまとめました。いわば、「5つの基本」です。

①刻む

②“ド・ストライク”を狙う

③PPPはゴキブリ

④5日線・20日線・60日線の「ものわかれ」

⑤5日線のW天井、W底

　詳しく解説する前に、それぞれの内容について簡単に説明しておきましょう。

　「①刻む」とは、1銘柄を数カ月単位の長期で保有し続けるのではなく、長くても1～2週間で利益確定をしていくというトレードを指します。

　「②“ド・ストライク”を狙う」とは、上昇か、下落か判断しにくい局面でトレードするのではなく、高精度で予測できる場面でトレードをするということです。そうすれば、当然、勝率は上がります。

そのために必要なワザにはどのようなものがあるかを解説します。

「③PPPはゴキブリ」ですが、「えっゴキブリって!?」とピンと
こないし、今は理解できないでしょう。つまりは、叩いても叩いて
も、「もう死んだかな」と思っても動き回る、飛び出してくるのが
PPP……もっとわからなくなりましたか?

　大丈夫です。読後は「言い得て妙」「まさにぴったりな表現」だ
と納得できるはずです。

「④5日線・20日線・60日線の『ものわかれ』」について、「も
のわかれ」とは、主に5日線と20日線、2つの移動平均線で上昇・
下落を予測するワザです。今回は60日線も駆使して、安定的な利
益を出すトレード法を解説します。

　最後の「⑤5日線のW天井、W底」とは、トレンド転換のサイ
ンです。相場の底値圏や天井圏で出現しやすいサインについて解説
していきます。

■■■■ 3つのサインで「ド・ストライク」を狙え

「ド・ストライク」を狙うには、判断しづらい局面を避けること、
そして今がどのような局面か、また上昇か下落かを示すサインを読
み取る必要があります。そのサインは1つよりも2つ、2つよりも
3つと多ければ多いほど、高精度で予測できるようになるでしょ
う。できれば、サインは3つくらい読み取ってほしいものです。
「PPP」「ものわかれ」「W天井、W底」などの上昇、下落のサイン
を読み取って、勝率を上げていきましょう。

03

刻む

細かく刻んでリスクを回避、安全なトレードを実現する

■■■同じ銘柄を半年、1年と長く持たない

では、「刻む」から始めましょう。

「刻む」とは、半年も1年も同じ銘柄を保有しないということです。買いでも、売りでも、エントリーしたら1～2週間、長くても1カ月ぐらいで、手じまいして利益を確定します。損切りもできるだけ早めにします。

なぜ、早め早めに手じまいや損切りをするのか？

それには理由があります。昭和40年代、50年代は株を保有していれば株価がどんどん上がっていく時代でした。また、無償増資＊などもありました。

さて、現在はどうかというと、日本ばかりか世界を見ても、株を所有していれば株価が上がり続け、利益が積み上がるという時代でも、状況でもありません。むしろ、内戦やテロ、災害、感染症の流行など、さまざまな要因から、株価が急落する局面がしばしば起こる状況です。

ですから、長期保有するのではなく、刻んで売買するほうが、リスクが少なく、利益を増やしやすいのです。

■■■刻んで取れば利益は長期保有の20倍にも

では、刻んで取る──とは具体的にどういうトレードかを説明しましょう。

＊無償増資　株主への利益還元などを目的として株主に無償で新株を割り当てること。主に株式分割により行われ、株主にとっては増配が期待できる

　イメージとしては「アコーディオン」を思い描いてください。アコーディオンは蛇腹状の楽器で、山折りと谷折りの操作の繰り返しで音楽を奏でます。

　株価チャートもそうです。下の**武田薬品**（銘柄コード4502）の**チャート①**を見てください。山と谷、つまり上がって下がって上がって下がって……を刻んでいます。この上げ下げを利用してトレードをすることで大きな利益が見込めるのです。

　アコーディオンは伸ばしたまま、縮めたままでは音が出ませんが、伸ばしたり縮めたりすることで空気を送り込み、多彩な音色を奏でていきます。

　それと同様、株もエントリーして長期間保有したままでは大した利益は出てこないのです。株価の山と谷の部分でトレードをすることで利益を出していくのです。

武田薬品の日足チャート①

では、武田薬品の**チャート②**で説明しましょう。

　2019年8月に3500円（単元株数100株）で買ったとします。1年経って、2020年の7月には3800円ほどになっています。約1年間で300円の上昇です。もし、1000株買っていれば30万円の利益です。

　同じ期間について、①上げ、②下げ、③下げ、④上げ、⑤下げ……と①から⑱まで刻んで売買していくとどうなるでしょう。つまり谷で買い、山で手じまいして売り、また、売りから入って谷で手じまいして、また買って売る……というふうに売買して利益を取っていくのです。

　④〜⑰あたりまでを刻んで取っていくと（ここでは①〜⑱までの上げ下げの利益を全部取れたと仮定します）、1株当たり7000円ほどの利益になります。ということは1000株買っていたら700万円

武田薬品の日足チャート②

の利益です。

1年間保有と「刻む」トレードでは20倍以上の差

　何もしないで1年間保有しているだけでは30万円の利益ですが、刻むと700万円もの利益です。**同じ銘柄のトレードなのに利益に20倍以上もの差**が出てしまうのです。武田薬品1銘柄だけで刻んでトレードしても年収700万円になります。

　刻むのと単に保有しているのとでは、これほど結果が違ってくるのです。

　もしも、評論家が「武田薬品は将来有望だから、1年ぐらい所有すると1.5倍か2倍になるだろう」と書いている記事を読んで、その言葉に従い、何もせず1年間所有していたら30万円の利益で終わってしまいます。

　でも、実際には「刻む」トレードをしたほうが大きな利益になるわけです。

　このような「刻む」トレードを「アコーディオン」と名づけます。みなさんには、アコーディオンのトレードを心がけてほしいと思います。

刻むトレードはゆったりトレード

　武田薬品のチャートを一見すると、頻繁に上げ下げを繰り返す激しい値動きのように見えます。そこで「刻んで取るのは、いつもパソコンに張り付いて売買する、忙しいトレードなんじゃないか? そんな時間ないよ」と思われるかもしれません。

　しかし、①は約1カ月の上げ、②は半月の下げ、③は1カ月の下げ、④は約1カ月の上げです。ということは、**上げ下げの期間は1～2カ月、早いときでも半月**です。

すると売買回数は1カ月から半月の上げ下げを取っていくのですから**月に1回、多くても1.5回から2回の売買**となるわけです。

確かに3500円でエントリーして、1年間保有して、300円上昇したところで決済するよりは忙しいかもしれませんが、**月に1回ほどのトレード**ですから、ゆったりしたトレードといっても差し支えないでしょう。

そして、売買は昼間、相場が開いている時間にパソコンにずっと張り付く必要があるのかといえば……その必要はありません！

夜、日足チャートを見て、売買を考え、翌日、注文を入れればいいのです。あるいは、その日のローソク足が完成しそうな午後2時半以降に（東証市場の終了時間の3時前に）、1日1回チャートを見ればいいだけです。

チャートを見て、上昇か下落かを相場式で予測します。基礎がきちんと学習できていれば**1銘柄を5分で判断**できます。**毎日売買する必要も、昼間パソコンに張り付く必要もない**のです。

■■■■株価の上下に一喜一憂せず、安心して売買

刻むトレードは、ゆったりとしながら大きな利益が得られるだけでなく、とても安全なトレードともいえます。

例えば、前ページの**チャート②**の★の日に3500円で買ったとしましょう。順調に上昇して利益が出ていると思い、さらに上昇することを期待していたら、⑪からいきなり急落です。⑭の時点では、3500円で買ったのがマイナスになっています。

この下落の間（⑪〜⑭）の、投資家のメンタルを想像してみましょう。

もし、あなたが3500円で買っていたとしたら、不安で不安で仕

方がないのではないでしょうか？　どんどん利益が減っていくので
す。もうコワくて、いつ手じまいをするかを考えるでしょう。そし
て損切りしたら、そこが底値で上昇に転じてしまうこともあるわけ
です。

　刻むというのは上昇から下落へ、下落から上昇へ、株価のトレン
ドが変わったときに1回手じまいをして、反対側にまた張るという
ことです。そこで細かく刻んでいけば、大きな上げも利益、大きな
下げも利益になります。株価の上下でドキドキしなくてもいいので
す。

　安全ですし、心配も減りますね。みなさん、「刻む」ということ
を念頭に置いてトレードに臨んでいただけたらと思います。

■■■■あらゆる銘柄で刻むトレードは有効

　相場式のトレードは投資対象の銘柄を探す際、**業績の良し悪しは
考慮しません。**株価が動くのは100％需給によると考えるからです。
需給とは買い手と売り手の力関係です。そして需給は投資家心理に
左右されます。

　投資家心理とは、「買い勢力が強そうだから買おう」「売り手が多
そうだから売ろう」という心理です。そのような心理はチャートに
はっきりと表れます。投資家心理が過去と現在でガラッと変わるこ
となどまずないでしょう。

　すると、投資家心理を反映したチャートは過去の動きから大きく
外れることはないと思われます。つまり、上げたら下げる、下げた
ら上げるという繰り返しで、チャートには「再現性」があるという
ことです。ですから、チャートから今後の株価の動きが予測できる
のです。

　武田薬品の株価の動きを見ると、9〜11月は上がっていますが、

それは業績が良くて上がり、11〜1月は業績がほどほどだったから動きが乏しく横ばい、1〜3月は業績が悪くて下がり……というわけではありません。買い勢力が強いから上がり、売り買いの勢力が拮抗しているから横ばい、売り勢力が強いから下がったと考えられるのではないでしょうか。

　すると**株価は会社の業績というよりは、マーケットの需給で動いている**といえます。

　会社の業績を決算書などで分析しトレードするとしたら、株価の上下、もみ合いには対応しきれません。

　たとえ1年後の好業績を予測して買って、1年間保有して手じまいしたとしても、1年間で30万円の利益（1000株）です。業績ではなく、チャートから売り買いを判断して、刻んでトレードをすれば1年間で700万円の利益。しかも安全です。

　これは武田薬品に限った話ではなくて、出来高がしっかりある銘柄のほとんどが、このように動きます。出来高があるという点で、相場式では、日本株は**東証一部上場**銘柄、**JPX400**（JPX日経インデックス400）＊銘柄をメインにトレードしています。

　ですから、多くの銘柄でチャートを見て、刻むトレードは有効なのです。

＊ JPX400　日本取引所グループと日本経済新聞社が共同開発し、ROE や営業利益率などを基準として選定した 400 銘柄からなる株価

04

難しい局面では手を出さずに
予測しやすい局面だけを狙う

■■■■「三冠王」落合博満さんの回答にヒントを得る

　基本の考え方の2つ目は「ド・ストライクを狙う」です。

　「ド・ストライク」とは野球のストライクです。それも、打てばホームランかクリーンヒットになるような、ど真ん中に入るストライクです。

　「ド・ストライクを狙う」という発想は、プロ野球選手だった落合博満さんのお話からヒントを得ました。落合さんとは2017年に株塾新年会で対談をさせていただいたのですが、私が「なぜ、落合さんは三冠王になれたのですか？」とうかがうと、落合さんは以下のように回答されました。

「自分はド真ん中のストライクだけを狙うから、ヒットか、ホームランになるんですよ」

　これだ！　とひらめきました。

　売りも買いも、ストライクといえるような場面でエントリーすればいい！

　つまり、株価が上昇するか、下落するか、判断の難しい局面ではなく、高精度で予測できるところだけを狙ってトレードすれば成功する確率ははるかに高くなるということです。

　ボール球に手を出しても、バットに当たらないか、当たったとしても、ゴロか、フライかでアウトになる確率が高い。しかし、ド真ん中のストライクならヒットか、ホームランになるということです。

トレードでも、まずは「ド・ストライク」の局面で売り買いする。そして、経験を積んで、上級者になったら、ド・ストライクだけでなく、ストライクでも内角低め、内角高め、外角高め、外角低め、真ん中のちょっと上、真ん中のちょっと下など難しいコースにも、挑戦して、ヒットが打てるようになればいいと思います。

　証券ディーラーや専業トレーダーでなくても、ド・ストライクだけを狙って、月に1回か2回、あるいは3回の売買でも、「刻む」で解説した武田薬品のようなトレードをすれば年間700万円ほどの利益を上げられるのです。

　しかし、「ストライクだけ狙う」というのは簡単ですが、実際にはどうでしょう？

　ストライクに見えて打者の手元で落ちる変化球もあります。そんなボール球に手を出さず、ストライクだけを打つのはそれほど簡単ではありません。

　ストライクか、ボールかを見極める技術が必要です。

　では、ここからストライク、それもド・ストライクを見極める技術について解説していきましょう。

■■■■100日線と「下半身」からド・ストライクを狙う

　ド・ストライクを狙うには、最初に100日線に注目しましょう。第1章の例題ルールを思い出してください。

　100日線の上にローソク足があれば、基本は売りではなく買い、反対に**100日線の下にローソク足があるときは買いではなく、空売り**で攻めるというルールでした。

　ド・ストライクかどうかを判断するために、これに**「下半身を確認する」**というルールを加えます。

　読者の中には「下半身って何？」と疑問に思った人もいるでしょ

う。下半身とは、5 日線が横ばいか上向きのときに陽線のローソク足本体が 5 日線の上に半分以上飛び出した状態です。

　反対に 5 日線が横ばいか下向きのときに陰線のローソク足本体が 5 日線の下に半分以上抜けた状態を「逆下半身」と名づけています。

　この下半身を 100 日線のルールに加えると、以下のようになります。

① 100 日線の上で下半身が出現したら、買いでエントリー
⇒逆下半身が出たら手じまいをする。

② 100 日線の下で逆下半身が出現したら、売りでエントリー
⇒下半身が出たら手じまいをする。

　なお、100 日線とローソク足を組み合わせた、このエントリー方法は初心者・初級者向けで安全性を重視したものです。上達して値

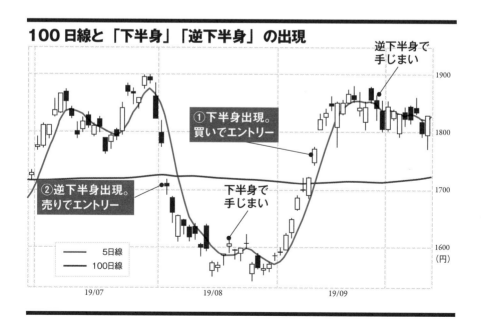

100 日線と「下半身」「逆下半身」の出現

動きの読みが深くなると、さらに早めにエントリーすることは可能
です。

　トレードでは買いも売りも、手じまいは早め早めに行っていきま
す。

　例を見ていきましょう。まずは「売りのド・ストライク」から。
日本水産（銘柄コード 1332）の**チャート①**です。

　移動平均線の並び方を見てください。

　おおむね、上から 100 日線、60 日線、20 日線、5 日線の並びです。
この並びは下落トレンドを示す並びです。第1章の例題2（29 ペ
ージ）で上昇トレンドを示す PPP の説明をしましたが、その反対
です。下落トレンドを示す並びで**逆 PPP** と呼びます。

　当然のことですが、逆 PPP は基本的に売りで攻める局面です。

　そして、赤の線を引いた箇所はローソク足が 100 日線の下にあり、

日本水産の日足チャート①

5日線が下向きで下落の起点には逆下半身が出現しています。これがド・ストライクです。

■■■■ ド・ストライクから外れる上昇局面は狙わない

さて、下落途中に上昇局面がありますね。

「このような局面では、買いでエントリーできないでしょうか？」という質問がきそうです。その質問に回答しましょう。

まずは、**チャート①**の★の上昇です。ここはあえて狙いません。ド・ストライクのルールから外れ、失敗する可能性が大きいからです。

例えば、陽線で買ったとしましょう。その後、陰線になったり、コマが立ったりして、結局は下がってしまいます。日々、動きを予測し売り買いを繰り返していけば取れないことはありませんが、失

日本水産の日足チャート②

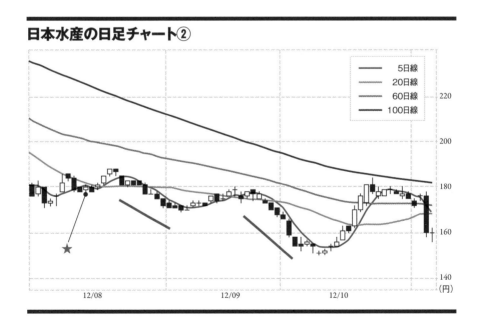

敗するリスクが高いといえます。

リスクがある局面でいえば、**チャート②**の★局面もそうです。上がったと思ったら下がり、また上がったと思ったら下がる、10％ぐらいは利益が得られるかもしれませんが、トレードしにくいところです。

次に**チャート②**の★の上昇ですが、チャートが完成してから見ると買いエントリーして利益が出そうに思えます。しかし、実際にトレードしているときには、この日からどこまで上昇するかはわかりません。

また、移動平均線の並びから見ても、逆PPPの下落トレンドです。ですから、一時的に上がったとしても、再び下がってしまうかもしれません。

上昇か下落か、どちらの可能性が高いかを考えたとき、下落する可能性のほうがはるかに高いのです。そのようなときは可能性の高いほうに従ったほうがリスクは回避できるといえます。

上級者になればトレードする方法もありますが、初級者はまずはド・ストライクを狙いましょう。

■■■■ド・ストライクの空売りを入れ、刻んでいく

では、売りのド・ストライクについて、次ページの**チャート③**を見てもう少し詳しく解説しましょう。

最初のド・ストライク（**売り①**）ですが、よく見ると100日線が60日線の下にあります。逆PPPは100日線の下に60日線でした。

「逆PPPではないのに、ストライクなんですか？」

そんな疑問を持った読者もいるかもしれません。

確かに100日線は60日線の上に来ていません。しかし、上から60日線、20日線、5日線の並びで、5日線が20日線に近づいたも

のの、それを超えないで下がってきました。これを「ものわかれ」
と呼びます。ものわかれについては 76 ページで詳しく説明します。

　この時点では、100 日線の上に 60 日線がありますが、60 日線の
角度、そして 5 日線と 20 日線の「ものわかれ」を考えると、**まも
なく 60 日線と 100 日線は逆転しそう**です。このような状況から
大きく下落していく可能性が考えられます。

　そこで売りでエントリーし、横ばいになったところで手じまいし
ます。

　その後の下落（**売り②**）で空売り、200 円の節目で手じまい、上
昇では何もせず、再び下がってきたところで売る（**売り③**）……こ
れがド・ストライクの刻むトレードです。

　日本水産の**チャート①②**は、約半年間のものです。ド・ストライ
クの下げは 1 回、2 回、3 回、4 回、5 回あります。半年間に 5 回で

日本水産の日足チャート③

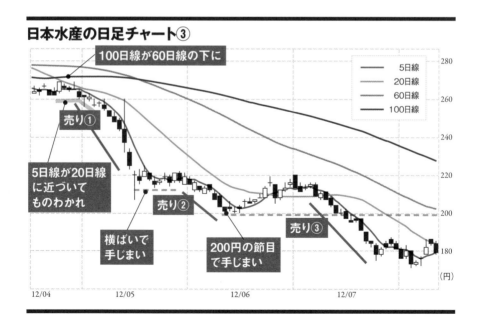

すから、単純に計算すれば1カ月に1度のトレードです。毎日忙しくトレードしなくても、ド・ストライクのトレードで大きな利益が上がるのです。

■■■■ 数多くのチャートを見て、脳内AIに記憶させる

　チャートには再現性があるとお話ししました。ここまで解説した日本水産の動きにも再現性があります。紙面に掲載したチャートは2012年5月から2012年10月のものですが、この期間だけでなく、ほかの期間でもこのような動きをしています。

　しかも日本水産だけではなく、ほとんどの銘柄で同じような局面が確認できます。

　それは、日本株だけに留まらず、米国株、商品先物、為替にもいえるのです。同じような局面になれば、同じように動きます。

　ほかの銘柄でも、ここで取り上げたチャートと同じような動きをする局面がきっとあるはずです。

　そのようなチャートを数多く見て、みなさんの頭脳に入っているAIにこの形を記憶させてください。自分の目で見て、確認するのが、最上の勉強方法です。

　目で見て覚え込めば、違う銘柄で似たような場面に直面したときに、アタマの中のAIが「あれ？　これはあれと同じ形状だ。すると下落だな。売りのド・ストライクを狙おうじゃないか」と自動的に働くようになってきます。

　そうなるまで数多くのチャートを何度も見て、学習しましょう。

　次に、買いのド・ストライクについて解説します。

■■■■ 途中の下落は何もしない

　次ページは、**積水ハウス**（銘柄コード1928）の**チャート①**です。

　先ほどの日本水産との違いを考えてください。

　明らかに上昇トレンドだということは、おわかりでしょう。では、移動平均線の並び方はどうですか？

　横ばいから明らかな上昇トレンドに転じているところでは、下から 100 日線、60 日線、20 日線、5 日線になっています。まさに PPP です。

　攻め方は 100 日線の上にローソク足があり、PPP ですから、基本的に買いです。では、どこで買いエントリーすれば、ド・ストライクといえるでしょうか？

　全体が上がっている中、下落して上がったところ（**買い①**）、下落して上げ始めたところ（**買い②**）、下落して上げ始めたところ（**買い③**）です。

　少し、解説していきましょう。次ページの**チャート②**を見てくだ

積水ハウスの日足チャート①

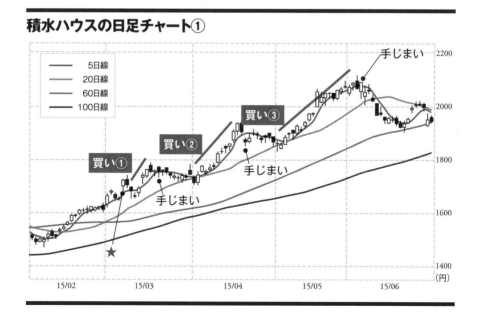

さい。

　20日線が横ばいになっているところは、値動きが予測しづらくトレードはしにくい局面です。

　横ばいの局面では株価が上下するので、買いでエントリーしたら、下落してしまう、下落したので空売りを入れたら上がってしまうということがしばしば起きます。ですから、初級者はあまり手を出さないほうがいいでしょう。

　トレードに慣れてきたら、超短期のトレードができるかもしれません。

　15年2月の★の局面も難しいのですが、PPPが成立する手前、5日線が上向き、その上に陽線が立っていますから、慣れてくるとここで買えるようになります。

　前ページの**チャート①**に戻ります。**買い①**の★からは、PPPが

積水ハウスの日足チャート②

完成していますから、買いのド・ストライクといっていいでしょ
う。上がったら買い（**買い①**、**買い②**）、陰線（逆下半身）で手じ
まいして、下がったら何もしません。

　大きく下落した局面がありますが、空売りを取ろうとしないほう
がいいでしょう。まだ、5日線もローソク足も100日線の上にあり、
基本的に買いの局面です。売りのド・ストライクではありません。
しかし、いずれさまざまな技術を学び、経験を積めばトレードでき
るようになります。

　そこでこの下落は何もせず、5日線が60日線を抜けず、上向い
たところで買いエントリーして陰線で手じまいするほうが安全です。

　初心者のうちはリスクを冒さず、ド・ストライクの練習をしてく
ださい。

　売りのド・ストライク、買いのド・ストライクの例を解説しまし
たが、これは多くの銘柄に当てはまります。

　次は、PPP は〝ゴキブリ〟というお話をしましょう。

05

PPP は ゛ゴキブリ゛

PPP は終わったと思っても
しつこく復活してくる!

■■■■PPPは弱まっても、ゴキブリのように復活

　PPP についてはすでに説明しました。上昇、下落のトレンドを表す移動平均線の並び方です。では、゛ゴキブリ゛とはどういう意味だと思いますか?

　そのココロは「叩いても叩いても復活してくる」です。

　さらに意味不明になりましたか?

　65 ページでも登場した**積水ハウス**の**チャート①**で説明しましょう。チャートは移動平均線が PPP で上昇トレンドです。

積水ハウスの日足チャート①

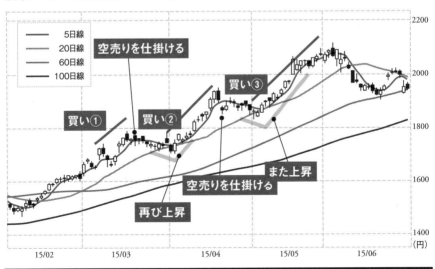

　このチャートの上昇を見て、こんなに上がったのだから、陰線が出たときには、そろそろ下がるだろうと推測する人は多いはずです。そして、空売りを仕掛ける。ところが、下がるかと思いきや、勢いが復活して、再び上昇。それでも、まだ空売りしたいという気持ちが残っていますから、次の下落で「今度こそ！」と思って根性を入れて空売り。ところが、これも上昇の勢いが復活して、また上がって、損がどんどんふくらむ……。

　相場式では**空売りを入れても、下半身が出たら手じまい**しますから、大きなマイナスにはならないはずですが、「今度こそ！」と次の下落や上昇にかける、願掛けのようなトレードを経験している人は珍しくないのではないでしょうか。

　PPPでは**移動平均線と移動平均線の間が空いている局面、移動平均線が急角度を描いている局面**では、**上昇あるいは下落の勢いが強い**のです。

　先の積水ハウスのチャートでは、上昇の勢いが強いといえます。ですから、一時的に下がっても、また復活するのです。

■■■■ 移動平均線の空きと角度に着目

　次ページの**日本水産**の**チャート①**は、下落トレンドを示す逆PPPです。このチャートでも、**移動平均線と移動平均線の間がだいぶ空いて、なおかつ、急角度で下降**しています。

　そしてローソク足は100日線より、かなり下にあります。これは過去100日間の株価の平均より、最近の株価のほうが圧倒的に安いこと、したがって下落の勢いが強いことを意味しています。

　ですから、逆PPPでは積水ハウスのケースとは反対に、下落トレンドから上昇へ転換と思って買えば下がり、また上がってきたので買えばもっと下がり、損がふくらんでいく……というケースが珍

しくないのです。

■■■PPPは〝ゴキブリ〟とアタマに叩き込んでおく

PPPでは下がると思っても上がる。逆PPPでは上がると思っても下がる。上昇、下落ともに勢いが強く、一時的な上下はあっても、なかなか終了しない……。

この現象、まさに〝ゴキブリ〟と同じだと思いませんか？

そうです。叩いても叩いても復活してくる！

ですから、PPPは〝ゴキブリ〟なのです。

これは実際にトレードをしていて、感じることです。日々トレードをしている塾生の多くも、実感としてとらえている現象です。ですから、絵空事ではありません。

そろそろ下がると思って売りを入れても、上がってしまう、そろ

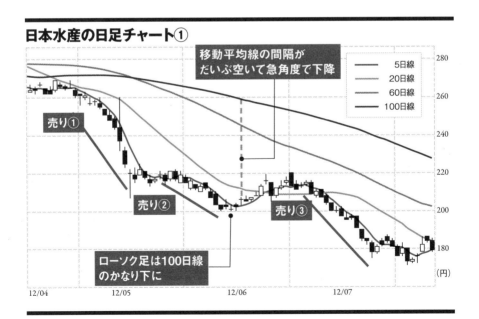

日本水産の日足チャート①

移動平均線の間隔が
だいぶ空いて急角度で下降

5日線
20日線
60日線
100日線

売り①

売り②

売り③

ローソク足は100日線
のかなり下に

12/04　　12/05　　12/06　　12/07

280
260
240
220
200
180
（円）

そろ上がると思って買いを入れても、下がってしまう……トレードしているとしばしばあることです。

そこで、PPPも逆PPPも、叩いても叩いても復活してくる〝ゴキブリ〟と思って、**PPPの局面はもう下がるなと思っても空売りをしない、逆PPPの局面はもう上がるなと思っても買わない**ように心がけてください。

もし、復活しないで、そのまま上がってしまったり、そのまま下がってしまったりしても、それは**売買の機会を損失しただけでお金は損失していない**のです。

■■■■ あえて底値を狙わないトレードでリスクを回避

例えば、下落トレンドの途中で上がってきたとき。

「まだローソク足は100日線の下で逆PPPだから、いずれ下がるだろう」と予測して買わなかったら、実はそこが底値で、以後はどんどん上がってしまった……そんな経験をすると「ああ、買っておけばよかった！」と後悔するのは、ごく普通の感覚です。

もしも、「底値で買って大幅上昇を取ったよ！」と自慢する人がいても、その人は常に底値で買えているでしょうか。おそらく「底値と思ったらまだ先に底値があった！」という経験も経ているのではないでしょうか。

あえて底値を狙わないトレードでは、大幅上昇は取れませんが、底値を抜けてさらに暴落して大きな損を抱える、というケースもまずないでしょう。それは長い期間で考えれば、**資産を減らさずに増やしていけるチャンスに恵まれる**ということです。

ですから、**PPPを見たら「〝ゴキブリ〟だ、叩いても叩いても復活してくる！」**と常にアタマの片隅に入れておきましょう。

なぜ、これほど強調するかというと、わかっていても実際のトレ

ードではやってしまうのが人情だからです。

「PPPはゴキブリだ！」と自分に言い聞かせておかないと、下落トレンドの一時的な上げなのに買ってしまったり、上昇トレンドの一時的な下落なのに空売りを仕掛けたり、危険を冒してしまうことがあるからです。

　アタマでわかっていても本番ではできないのです。それもアタマのいい人ほどできません。アタマで理解しているのだから、実際のトレードでもできるはずだと思い込んでいるのでしょう。多くの塾生を長年見てきて、常々そう思います。

　何度も言いますが、PPPは〝ゴキブリ〟です。

「うるさいなあ。もうわかったよ……」という声が上がるかもしれませんが、実際にできないのですから何度でも言います。アタマに叩き込んでおきましょう。

　そして「PPPは〝ゴキブリ〟だ」と、家のトイレに貼ったり、天井に貼ったり、車のボンネットに貼ったり、隣の家の窓に貼ったり……どんな手段を使ってもいいです。

　アタマに叩き込んで、より安全なトレードをするための技術として、自分のモノにしてください。

第 3 章

「移動平均線」という道具で株価の動きを予測する

移動平均線

移動平均線を使って
株価の動きをとらえる

■■■2つの移動平均線が近づいては離れていく
「ものわかれ」

　第2章では、トレードで利益を上げるには、ド・ストライクを狙い、刻んで利益確定をすること。そして「PPPは〝ゴキブリ〟」と思って、**PPPの局面では一時的な下げや上げにはうかつに手を出してはいけない**という話をしてきました。

　この章では、移動平均線という道具を使って、ド・ストライクを狙い、トレードを成功に導く技術についてお話ししていきます。

　具体的には、第2章でお伝えした「5つの基本」の最後の2つ、

④5日線・20日線・60日線の「ものわかれ」

⑤5日線の、W天井、W底

について、詳しく解説していきます。

　では、**ソフトバンクグループ**（銘柄コード9984）の**チャート①②**を使って解説していきましょう。

　チャート①は、移動平均線だけを抽出したものです。移動平均線の位置はおおむね下から100日線、60日線、20日線、5日線になっています。そして、上向きの傾きがあるところでは100日線、60日線、20日線、5日線は離れています。傾きがないところでは移動平均線同士がくっついています。

　2020年7月からはずっと100日線が一番下、その上に60日線があります。すると、この期間は100日線の上に一貫して60日線が

ソフトバンクGの移動平均線チャート①

ソフトバンクGの日足チャート②

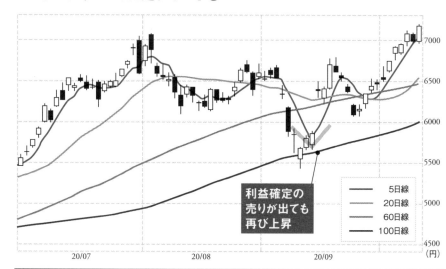

ある上昇トレンドだといえます。

　前ページの**チャート②**を見ると、上昇トレンドでもときどき、株価の下落が見られます。利益確定の売りが出たのでしょう。しかし、下落はわずかな期間で再び買いを集め、上昇トレンドに戻っています。これが押し目＊という局面です。

　移動平均線は100日線と60日線が上昇トレンドを継続、その上で20日線と5日線が上下しています。

　このような上昇トレンドでは、押し目をうまくとらえ、買っていけばかなりの利益が出るはずです。

　そのためには上昇トレンド中の下落の押し目か、そのまま下落トレンドへ転換する初動かを判断しなくてはなりません。押し目か、転換かを判断するワザがものわかれです。

　ものわかれとは、上昇あるいは下落トレンドが継続している途中で2つの移動平均線が近づいては離れていくという動きです。ものわかれはトレンド継続か、転換かを判断する重要なサインです。このものわかれをうまく使えば、買いも売りもストライクが狙えます。

　まず、20日線と60日線のものわかれを説明しましょう。

■■■■■20日線と60日線のものわかれから上昇を予測

　先ほどのソフトバンクグループのチャートで、20日・60日・100日の移動平均線だけを抽出したものが、**チャート③**です。

　100日線と60日線は、一貫して上昇トレンドです。

　20日線を見ていきましょう。100日線と60日線の上にあり、上昇しています。そして一時的に株価が下落して、20日線も下がっています。

　最初の**下落①**は8月前半から10月初めまでです。一時的にとは

＊押し目　株価が上昇している局面で、一時的に株価が下落すること

076

いえ、約2カ月間も上昇が止まっています。すると、この期間にトレードしている人たちは、多くが上昇トレンドは終了か、とあきらめムードになっているはずです。しかし、また上昇しています。

次に20年11月からの**下落②**も、約1カ月間下げています。

このような一時的に下落したところで買いを入れれば再び上昇に転じたタイミングで利益が出せるのです。

先ほど、<mark>ものわかれは一時的な下落かどうかが判断できるサイン</mark>と話しました。**チャート③**をよく見てください。

まさに2回目の下落は、20日線と60日線のものわかれです。

「今、20日線は下落しているけれども、60日線、100日線がどちらも上向きだ。もしこの下落が60日線に接近しても、下に抜けず、再び上げ始めたら、これはものわかれだ。ここから強力な上昇が始まるはず」

ソフトバンクGの移動平均線チャート③

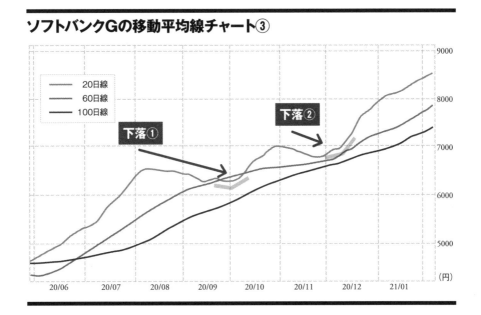

そう予測できれば、買いエントリーができ、利益を取れます。

　では、8月初めから始まった最初の下落についてはどうでしょう？

　20日線が60日線を少し割っています。60日線に対しては、ものわかれと言えないかもしれません。

　しかし、**100日線と20日線の関係**を見てください。20日線は100日線に接近しても、100日線を下に抜けていないので**100日線に対してはものわかれ**と言ってもいいでしょう。

　この局面では100日線と60日線が上を向き、20日線がものわかれ、上向きの角度もあるので上がるのではないかと予測できます。そして、20日線と60日線のものわかれになりました。

　ものわかれを使えば上昇トレンド中の一時的な下落をとらえてド・ストライクのトレードができます。

　たとえるなら、名店の和食職人が包丁という道具を使って素晴らしい料理を創作していくように、私たちは移動平均線という道具を使って成功率の高いトレードをしていくのです。

02

ものわかれ

下落を加速させる
20日線と60日線のものわかれ

■■■■■ 下落を取るための予測と作戦の立て方

　次に下落トレンドでの「ものわかれ」を説明しましょう。ソフト
バンクグループの日足から20日・60日・100日の移動平均線だけ
を抽出したものが**チャート①**です。

　18年10月までは下から100日線、60日線、20日線という上昇
トレンドでしたが、20日線が下がり、11月中旬からは60日・100
日の移動平均線の下に来てしまいました。一番上にあった20日線
が一番下に来たのですから、弱いと言わざるを得ない局面です。さ

ソフトバンクGの移動平均線チャート①

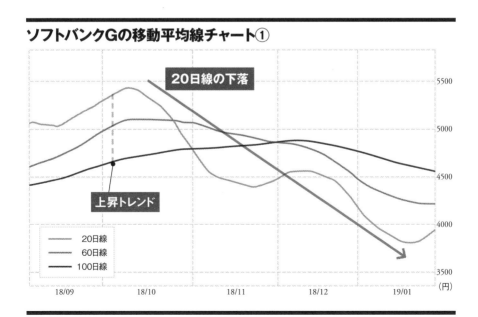

20日線の下落

上昇トレンド

20日線
60日線
100日線

5500
5000
4500
4000
3500

18/09　　18/10　　18/11　　18/12　　19/01　(円)

らに20日線の下落に伴い、上向きだった60日線が横ばいになり下がってきています。これも弱っていることを示しています。そして、ついに60日線が100日線の下になってしまいました（**チャート②**）。

　60日線が下がったときの株価はどうかというと、20日線が上がっていますから、株価も上がっていることになります。とはいえ、長い期間で見ていくと、上昇の勢力は弱ってきています。結局は横ばいになり、下がってしまいました。

　このとき、60日線と20日線がものわかれになったのです。その後は大きな下落になりました。

　では、この下落を取るためにどのように予測をし、作戦を立てるかを考えてみましょう。

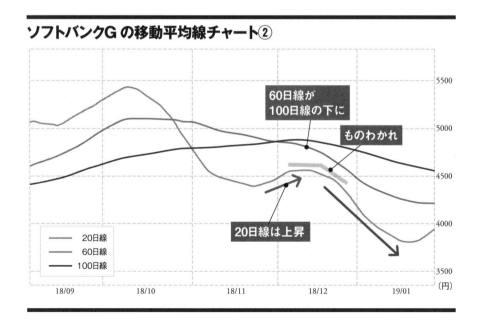

ソフトバンクG の移動平均線チャート②

60日線が
100日線の下に

ものわかれ

20日線は上昇

	20日線
	60日線
	100日線

5500
5000
4500
4000
3500
（円）

18/09　18/10　18/11　18/12　19/01

■■■■移動平均線の接近から2パターンを予測する

　まず、60日線と100日線が接近した局面ではどのように予測できるでしょうか? **チャート③**を見てましょう。

　ひとつは、この60日線の角度からすると、まもなく100日線を割り、位置が逆転する可能性があります。

　もうひとつは20日線が上がっていますから、このまま勢いよく20日線が上昇すると、60日線も上向きになり、100日線とものわかれになり、上昇トレンドになる可能性です。

　ここでは上昇トレンドの予測を立て、買いを入れたとしましょう。直後に60日線と100日線が交差して入れ替わってしまいましたが、まだ20日線は上向いています。そこで60日線が100日線を少し割っただけで再び上がっていく可能性もあると予測できます。買いはまだ決済しません。

ソフトバンクGの移動平均線チャート③

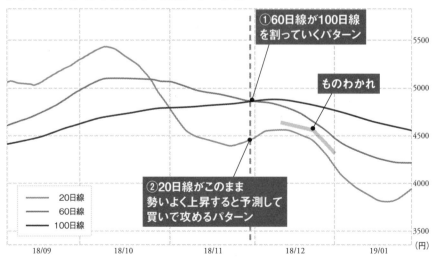

①60日線が100日線を割っていくパターン

ものわかれ

②20日線がこのまま勢いよく上昇すると予測して買いで攻めるパターン

- 20日線
- 60日線
- 100日線

5500
5000
4500
4000
3500

18/09　　18/10　　18/11　　18/12　　19/01　　(円)

すると20日線と100日線は横ばいになり、20日線は60日線とものわかれになってしまいました。

　ここで、買いを手じまいです。

　この後、20日線が下がっていけば上から100日線、60日線、20日線になり、逆PPPの下落トレンドになります。そこで、空売りを仕掛けていきます。

■■■■PPPで発生する3つのものわかれを買いで

　それでは次に5日線、20日線、60日線のものわかれを見ていきましょう。

　ソフトバンクグループの**チャート④**です。

　下から100日線、60日線、20日線、5日線だったところ（PPP）、5日線だけが下がっていきます。この下げですが、移動平均線の並び方から考えると、一時的な下げに終わり、再び上がる可能性が考えられます。ここで空売りを入れると失敗する恐れがあります。つまり、この下落はド真ん中のストライクではないということです。

　もし、空売りで取ろうと思ったら、ド真ん中ではないことを認識したうえでエントリーし、手じまいも損切りも早め早めを心がけてください。

　また、移動平均線の位置から考えると100日線と60日線、20日線が逆転して下落トレンドに変わるにはかなり時間がかかると思われます。それより5日線が復活して再び上がるかもしれないと考えておいたほうがいいでしょう。

　そして5日線と60日線の**ものわかれ①**が発生しました。次に、20日線と60日線が**ものわかれ②**しました。移動平均線が下から100日線、60日線、20日線、5日線になったところで買いエントリーします。次の5日線の下げですが、60日線まで下げない限りは、

大幅下落にならないと考え、そのまま何もしません。

　移動平均線の並び方は上昇を示す PPP です。次の下落は 5 日線と 20 日線の**ものわかれ③**になりました。このものわかれでも買いエントリーができます。

　まとめてみると、100 日線と 60 日線の上昇トレンドが継続している局面で、まず 5 日線と 60 日線の**ものわかれ①**が出現し、PPPが成立。少し遅れて、20 日線が下がり、20 日線と 60 日線が接近しますが**ものわかれ②**となり、上昇トレンドが復活しています。

　チャート④には、**5 日線と 60 日線、20 日線と 60 日線、5 日線と 20 日線、3 つのものわかれ**があるのです。買いで攻めていけば、大きな利益が取れるチャートといえます。

ソフトバンクGの移動平均線チャート④

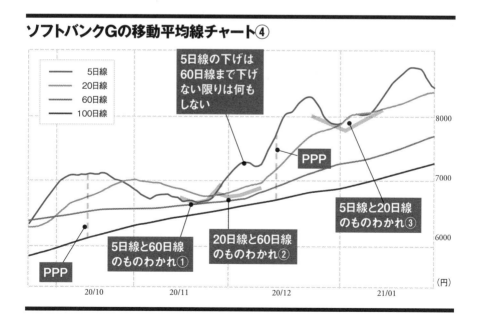

■■■移動平均線のものわかれを予測し、打診買い

　もう少し詳しく説明しましょう。**チャート⑤**を見てみましょう。

　20年11月は100日線の上に60日線があり、この位置関係は上昇トレンドを示しています。5日線と20日線が下がって60日線に接近してきましたが、**ものわかれ①**になりました。移動平均線の位置は、下から100日線、60日線、20日線、5日線のPPPです。打診買いをしてもいいでしょう。

　5日線が上昇していくと、横ばいになっていた20日線も少し上向いてきました。ここからは、2つの動きが予測できます。

　ひとつは**どんどん上昇する動き**、もうひとつは**今まで下にあった5日線が上に出てきたばかりなので一度軽く下がって、また上がるという動き**です。

　2つの動きを予測して見ていると、下がってきました。ここでい

ソフトバンクGの移動平均線チャート⑤

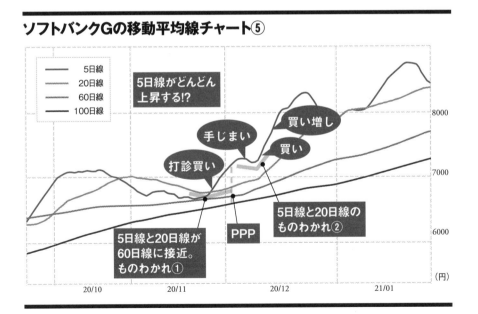

ったん手じまいをします。その後、5 日線が 20 日線に対して**もの
わかれ②**になりました。ここで買いエントリー、さらに上昇したと
ころで買い増しします。

03

ものわかれ

60日線と100日線の
再現性のあるものわかれ

■■■ものわかれになったら勢いよく上がっていく

　次に、100日線と60日線のものわかれを説明しましょう。これ
までと同じくソフトバンクグループの移動平均線の**チャート①**です。

　最初の**ものわかれ①**は、100日線の下に60日線があり、60日線
が少し上がったものの、100日線を超えられず下がって発生してい
ます。このとき株価は横ばいです。16年5月頃には100日線の上
に60日線が出て、移動平均線の位置が入れ替わり、ローソク足も
100日線の下にあったのが100日線と60日線の上で動くようにな

ソフトバンクG の移動平均線チャート①

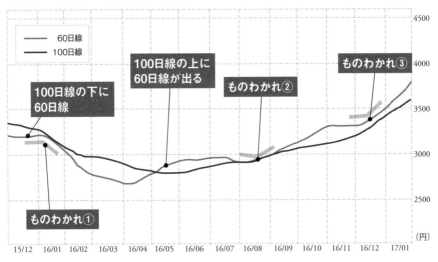

りました（**チャート②**）。

　100日線の下にローソク足のときは基本的に「売り」、上にある
ときは「買い」で攻めるのがルールでした。

　ですから、ここからは買いで攻める局面になってきたといってい
いでしょう

　そして、もう一度、株価が下がり、60日線が100日線に触れて
しまいました。しかし、下に抜けずに上がっています。これも上昇
を示す**ものわかれ②**です。

　とはいえ、かなり株価が下がって、ものわかれになっています。
ですから、買いの勢力が強いとは断定しにくいかもしれません。こ
のとき、株価は今後、勢いよく上昇するか、下がってしまうかは判
断しづらい鈍い動きをしているはずです。

　次の**ものわかれ③**は、100日線と60日線が接触しませんでした。

ソフトバンクGの移動平均線チャート②

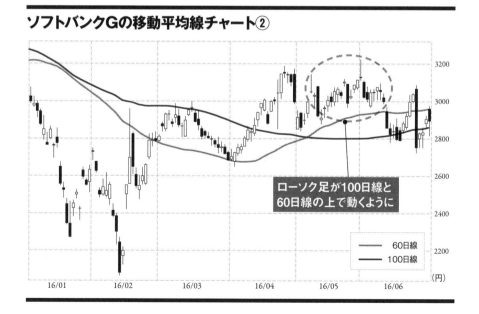

ローソク足が100日線と
60日線の上で動くように

	60日線
	100日線

このようなものわかれのあとは、勢いよく上昇していくと考えてい
いでしょう。

■■■■チャートの再現性から動きを予測する

　ここまでの一連の動きですが、先ほど説明した84ページの**チャ
ート⑤**の動きとほぼ同じです（以下、再掲）。

　5日線が20日線の上に出たばかりのときは、まだ勢いが弱く、
一時的に下がってくることもあるが、ものわかれになったら、そこ
からは勢いよく上がっていくという動きです。

　このようにチャートには再現性があります。ですから、ものわか
れから、その後の株価の動きを予測して売買する技術はあらゆる銘
柄に適用できるのです。

ソフトバンクGの移動平均線チャート③

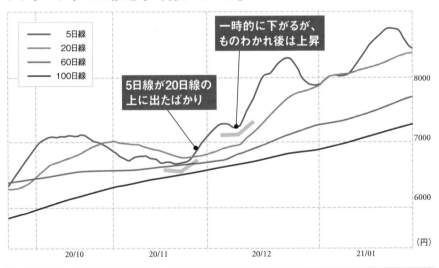

04

トレンド予測

上値・下値の切り上がりから
トレンドを予測する

■■■■ 上値と下値が切り上がったあとの強い上昇

次に上値・下値の切り上がりから、トレンドを予測する技術について解説しましょう。ソフトバンクの週足の移動平均線**チャート①**です。

Aから**D**までの上値、下値に注目してください。100週線と60週線のものわかれのあと、60週線は**A**の上値をつけて下落、**B**の下値で下げ止まっています。そこから、また上昇していきます。

そして**C**の上値をつけました。さて、**A**と**C**を比べ、どちらが

ソフトバンクGの移動平均線チャート①

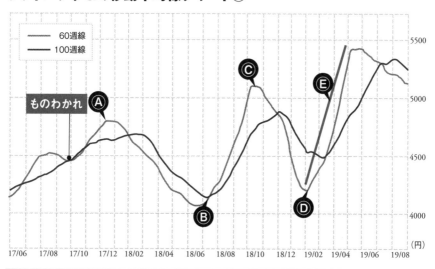

高いでしょう？

C ですね。`上値が切り上がった`といえます。

C から下落が始まりました。この下落がどこで下げ止まるかが、その後のトレンドを予測する際に大きなポイントになります。

下げ止まったのは **D** です。**D** を見て気づくことはありますか？

`「B より高いところで下げ止まっている」` ということに気づきませんか（**チャート②**）。

これが`下値の切り上がり`です。下値が切り上がり、**D** からは上昇トレンドに転換しています。

A、**C** で上値が切り上がり、**B**、**D** で下値も切り上がり、その後は上昇。ここから予測できるのは、**E** の上昇勢力はかなり強いということです。

週足の動きですから、`E の上昇は長期にわたると予測`できます。

ソフトバンクGの移動平均線チャート②

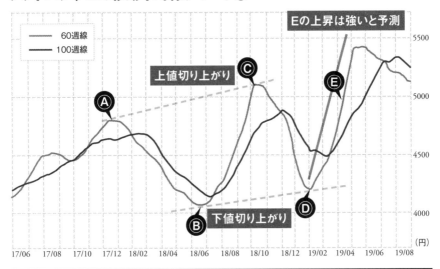

　同時に 100 週線も見てください。60 週線と同様に下値、上値が
切り上がっています。このことからも **E** の上昇は強いと考えられ
ます。このような局面では、ある程度の自信を持って買いで攻めて
いけると思います。

　さて、**D** で下値を確認し、上昇トレンドを予測して買いで入っ
たとします。このチャートは週足ですから、**E** の上昇の途中には下
落する局面もあるはずです。しかし、下落を見ても、下値・上値の
切り上がりから、この上昇は強いという確信があれば買いで攻めら
れますし、さほどハラハラしなくても、買い玉を保有していられる
でしょう。

　E の上昇は 4 カ月にわたる上昇で、株価にすると 4000 円から
5500 円の上昇です。これを買っていけば、かなりの利益が取れた
ことになります。

20日線の下値切り上がりから、上昇をとらえる

■■■■■前の安値を割り込むか否かを予測する

　下の移動平均線の**チャート①**からも、下値の切り上がりがわかります。

　Aの横ばいから上昇が始まり、20日線が60日線を超えました。そして**B**で上値をつけ、再度下落していきます。

　下落を見て、どのような予測ができるか、考えてください。

　2つのパターンが予測できます。ひとつは**このまま下落してしまう。**もうひとつは **A** **の安値を割り込まずに下げ止まり、上昇に転**

ソフトバンクGの移動平均線チャート①

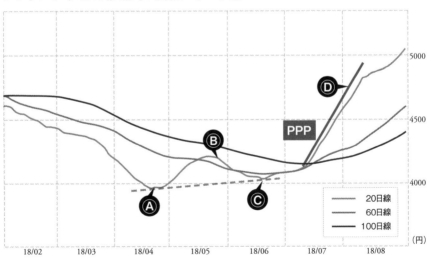

じる、そうなったら、強いのではないかという予測です。

　そんな予測を立てたら、まずは売りで入ります。その後、**C** の横ばいで**A**まで下がらず止まりそうだと判断したら、手じまいです。

　その後、上げ始めたら、この上昇は強いと考えてチャートを見ていくと前の上値の **B** を超えて上昇し、**PPP も発生**しました。ここで買えば大きな上昇が取れそうです。

　C が **A** を割らず下値が切り上がり、**B** を **D** が超え上値も切り上がり、しかも PPP です。これはド・ストライクといっていいでしょう。このような局面がとらえられたら最高のトレードができます。

■■■■ものわかれと切り上がりから株価の動きを予測

　20 日線と 60 日線、あるいは 100 日線とのものわかれから下値・上値が切り上がり、上昇していく**チャート②**を見てみましょう。

ソフトバンクGの移動平均線チャート②

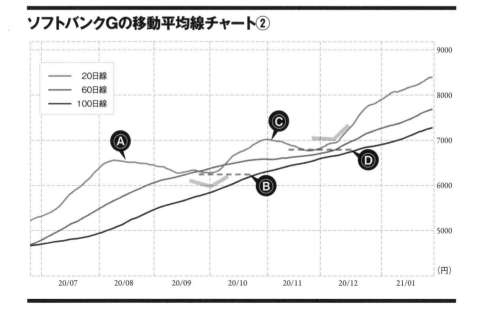

Aから下落してBでものわかれが発生して、再び上昇しています。そしてCでAの上値を超えました。

ここでは、次のような予測ができるでしょう。

「この上昇もいずれ下落する。しかし、Cから下落しても、20日線は60日線の上にある。もしこの下落が60日線を割り込まずに、ものわかれが発生したら、安値Bより高いところで下げ止まるはずだ。すると上値・下値の切り上がりになり、大きな上昇になる！」

このような予測をCの時点、つまり前の上値を超えた時点でできるようになるとトレードの成功率は大きく向上します。

ものわかれと上値・下値の切り上がりからは高精度のトレンド予測ができ、トレードでは大きな利益を生むことがわかっていただけたかと思います。

逆のパターン、上値・下値の切り下がり

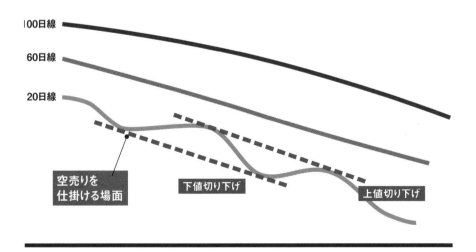

　ここでは、上値・下値の切り上がりについてのみ解説しましたが、逆のパターン、上値・下値の切り下がりの場合には、空売りを仕掛けていきます。

■■■■ ものわかれ戦法ではズレを克服する必要も

　ものわかれや上値・下値の切り上がり（あるいは切り下がり）をトレードで活用していく際に、注意してほしいことがあります。

　それは、移動平均線と株価の関係です。

　移動平均線というのは、日足であれば 5 日間、あるいは週足であれば 5 週間の株価（終値）の平均であったり、20 日間あるいは 20 週間の平均であったりします。ですから、今、動いている株価とはズレがあるのです。

　5 日移動平均線が高値を示すより前に、株価のほうが高値をつけますし、底を打つときも同様で株価のほうが先に底を打ち、その後、移動平均線も底を示すことになります。

　つまり、移動平均線より株価の動きが先行するのです。このようなズレを意識しながらトレードしなくてはいけません。

　移動平均線が横ばいになっているとき、株価を見るとすでに株価が下落を始め、トレンドが転換しているかもしれません。そこで、実戦では早め早めの売買が、成功に導く重要な鍵になります。早め早めに売買するには、次の展開を高精度に予測する必要があります。

　ここまで解説したチャートがアタマに入っていれば、ほかの銘柄でも、60 日線と 100 日線が同じような動きをしたら、次にはこうなるだろうなと予測しやすくなります。そうなれば、売買の判断や準備が早めにできるようにもなるのです。

　ですから、チャートを繰り返し見て、覚えて、いつでも応用できるよう脳内 AI に記憶しておいてほしいと思います。

W天井、W底

5日線のW天井で下落、
W底で上昇を予測

■■■天井圏、大底で出現し、トレンドの終焉を告げる

　ものわかれと同様に、ド・ストライクが狙えるサインが5日線のW天井、W底です。ダブルという名称通り、天井なら山が2つ、底なら谷が2つという形状になり、どちらもトレンドの転換を示す重要なサインです。**W天井なら、株価は天井圏で下落へ、W底なら株価は底値圏で上昇へ**とトレンドが変わっていくということです。

　では、なぜW天井、W底がトレンド転換のサインになるのでしょうか。

　W天井、W底を作り上げる動きが、投資家心理を大きく反映しているからです。

　W天井では、株価は上がって下がって、また上がって下がるという動きです。買いたい投資家が多ければ株価が少し下がると、いわゆる押し目買いがどんどん入り、株価は再び上昇をしていきます。このようなケースで発生するのが**移動平均線のものわかれ**です。

　W天井で山が2つというのは、上昇が続かずに押し目買いが少し入っただけで、買いが持続せず、天井をつけ、また下落してしまったということです。

　2つ目の山には、投資家の〝買おうか、売ろうか〟という迷いも表れていると考えられます。前の高値で買った人の利益確定も出て、なかなか上昇していかないのを見た投資家の間には「株価はこれ以上、上がりそうもない」との見解が広がり、売りが勢力を増していきます。そうなると、株価は下がり、買いか、売りかで迷って

いた投資家の迷いも吹っ切れ、多くの投資家が売りでエントリー。株価は一気に下落していくケースが多いようです。

底値圏でのＷ底はその反対です。**Ｗ底は下がって上がって、下がって、そして上昇していくという形**です。ここではＷ天井と反対の投資家心理が働きます。売りの勢力が弱くなり、迷っていた投資家も買いに加わり、買い優勢となって株価は上がっていくのです。

■■■■■ 前の高値・安値を超えるか？ Ｗ天井・Ｗ底

Ｗ天井・Ｗ底、ともに出現しやすいのが、前の高値・安値の近くまで株価が到達した局面です。

株価は上昇、下落を繰り返し、上がったり、下がったりしていきます。

例えば、株価が上昇を続けるためには前の高値を超えていかなく

天井圏から下落へ 「Ｗ天井」、底値圏から上昇へ 「Ｗ底」

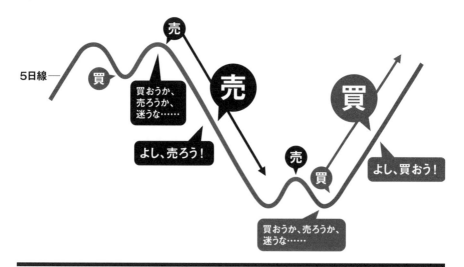

てはなりません。ところが、**上昇の勢いが弱くなると前の高値を更新できなくなり、再び下落。これがW天井になる**のです。その原因のひとつに、含み損を解消したい投資家の売りがあります。

　前の高値で買っていた投資家は、高値からの下落で損を抱えています。再び、株価が前の高値に到達したところで、含み損解消の売りが出るのです。この売り圧力に押されてしまうと高値を超えられずに下落。その結果、W天井になります。

　下落トレンドでも同じことがいえます。下落からいったん上昇した株価が再び下落し、前の安値を下回れば下落は続きますが、前の安値で空売りをしていた投資家の買い戻しなどが入り、買い勢力が優勢になれば**下落から一転、上昇**していきます。このときW底が形成されます。

　そこで**株価が前の高値・安値に近づいたら、W天井、W底が出現するかもしれないと予測**しながら、動きを注視することが大切です。

■■■■W天井、W底を活用するトレードはPPPでも

　W天井、W底は、買いでも売りでも、どちらのエントリーにも使えるワザです。

　上昇トレンドでW天井を確認したら、空売りを仕掛ける手がかりとなります。特に**2つ目の山が、前の高値に届かなかったケースでは、下落の可能性が高い**といえます。

　下落トレンドでW底を確認したら、買いエントリーができます。**2つ目の谷が前の底値より高ければ安値切り上がりで上昇へのトレンド転換**と、比較的高い確率で予測できます。

　W天井、W底はPPP・逆PPPでのトレンド転換を高精度で推測できるワザでもあります。

　前に「PPP・逆PPPはゴキブリ」とお話ししました。その理由

は、叩いても叩いても復活するからでした。

　例えば移動平均線の並びがPPPのとき。株価が下がり、5日線が20日線に接近しても、ものわかれになって、再び上昇する可能性が高く、空売りを不用意に入れると失敗すると話しました。逆PPPのときも、同様に、少し上昇してもまた下落する可能性が高いと説明しました。

　ところが、PPP・逆PPPのときにはW天井、W底が出現すると、その後、トレンドが転換するケースがかなり多いのです。

　そこで**PPPでW天井を確認できたら〝売り〟、逆PPPでW底を確認できたら〝買い〟**を入れると大きな利益につながることがあります。また、もし、PPPで買いを持っていたら、W天井で利確、逆PPPでW底なら買戻しといった手じまいの判断にも使えます。

W天井の完成直前にその後のパターンを予測する

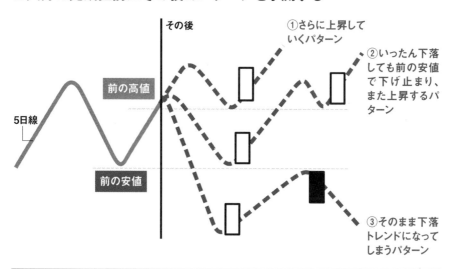

■■■■■W天井、W底の完成直前、その後の動きも予測

5日線がW天井、W底になりそうになったら、その先も予測して エントリーを考えてはどうでしょう。買い増し、売り増しの判断に 使えます。

W天井では、さらに上昇していくパターン、いったん下落しても 前の安値で下げ止まり、また上昇するパターン、そのまま下落トレ ンドになってしまうパターンなどがあります。

W底では上昇トレンドに転換するパターン、いったん上昇しても 前の高値を超えられず再び下落していくパターン、少し上昇したも のの下落してしまうパターンなどがあります。

ここまで予測できるようになれば、初級者からステップアップし たといえるでしょう。

W底の完成直前にその後のパターンを予測する

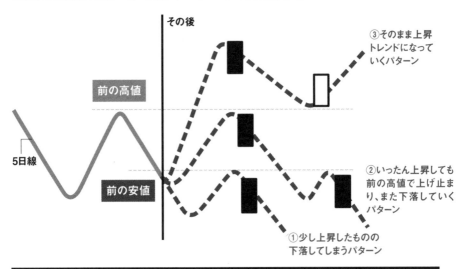

第 4 章

例題を解きながら 「5つの基本」を マスター

01

5つの基本

5つの基本を常に
意識してトレードする

■■■5つの基本をおさらい

　第2章・3章で、相場式トレードの基本的な5つの技術について解説しました。その5つを簡単におさらいすると、以下のようになります。

①刻む

長期に保有するのではなく、早め早めに短期売買をする。

② "ド・ストライク" を狙う

ローソク足と100日線、そしてローソク足と移動平均線との関係（下半身あるいは逆下半身）から売買の戦略を立てる。

③ PPP はゴキブリ

叩いても叩いても復活するゴキブリのように、PPP もしぶとく復活する。

④ 5日線、20日線、60日線の「ものわかれ」

移動平均線を使った「ものわかれ」でトレンドの方向性を予測する。

⑤ 5日線の W 天井、W 底

5日線の W 天井で下落、W 底で上昇への転換を予測する。

　トレードをするときには、常にこの5つを意識してほしいと思います。

　初級者はメモをしておき、トレードする際にはひとつひとつチェ

ックするようにしましょう。慣れてくればメモを見なくても確認できるようになります。

■■■■トレードの局面に応じたワザを繰り出す練習を

　武道のワザと一緒で、トレードでも局面に応じたワザをスムーズに繰り出す必要があります。

　私は空手を 50 年続けて今も道場に通っていますが、左右のパンチ、左右の蹴り、左右のヒジ、左右の膝……それが試合などで瞬間的にパッと使えるように、どのワザも常日頃からひとつひとつ磨き、さらに左のパンチをさばいたら右をさばいて、右の蹴りから左の蹴りなど、ワザの連係も滑らかに繰り出せるように意識しています。

　ひとつひとつのワザの完成度を高くし、状況に応じてワザとワザを組み合わせ、自由自在に使えるようにしないと、勝利を制することはできないのです。

　みなさんも、武道と同じく、トレードで 5 つの基本を使いこなし、ときには組み合わせ、売買できるようになってほしいと思います。

　それでは、論より証拠です。次から 5 つの基本を使う例題を一緒にやってみましょう。

　ご自身がどれだけ理解できているか、一緒に考えながら読み進めてみてください。

100日線の上、PPPから戦略を立てる

■■■ 100日線とローソク足から攻め方を考える

　例題1は、**スズキ**（銘柄コード7269）です。次ページの**チャート①**が20年2月から5月、**チャート②**がその後の20年6月から9月です。

　さて、**チャート②**の★の局面から、トレードするとしたら、基本のワザのどれを使えばいいでしょうか？

　100日線の上にローソク足がありますから、買いで攻めます。

　しかし、ローソク足を見ると陰線で、逆下半身です。これでは買えません。

　では、空売りを入れられるでしょうか？

　100日線の上が基本的には買いなのは、上昇する可能性が高いからです。すると、ここでは空売りは入れられません。

　この時点で使えるワザは、100日線の上は買いというワザです。

　移動平均線の並び方を見てください。PPPです。PPPは叩いても叩いても復活してくるゴキブリでした。

　100日線とローソク足の関係、PPPから、**「下落してきて、下半身で上昇に戻ったところを買っていこう」**という作戦が立てられます。これは一番オーソドックスな作戦で、これができたら、まずは合格です。

　このほかにもうひとつ作戦が立てられます。この作戦が立てられれば〝すごい！〟と思います。それを解説する前に……作戦の立てにくい局面があることをお話ししておきましょう。

スズキの日足チャート①

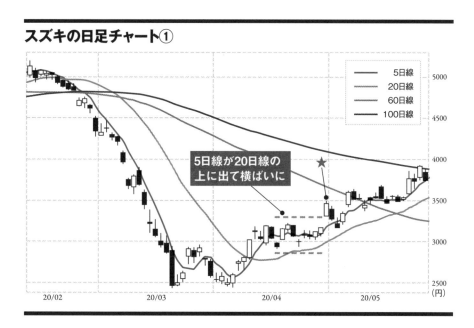

	5日線
	20日線
	60日線
	100日線

5日線が20日線の
上に出て横ばいに

スズキの日足チャート②

	5日線
	20日線
	60日線
	100日線

■■■■初級者は不安定な局面では売買しない

　初級者がド・ストライクを狙うには、作戦の立てにくい局面はで
きれば避けたほうがいいでしょう。作戦が立てにくい局面は、株価
の動きが不安定で、ここから上下のどちらに行くのか予測しにくい
ところです。

　先ほど解説した局面は100日線の上にローソク足があり、しかも
PPPで作戦が立てやすいところでした。

　では、**チャート①**の4月の中旬あたりはどうでしょう?

　5日線が20日線の上に出て、横ばいになっています。この動き
から、**株価が一時的に下落して、再び上に抜ければ買い**という作戦
を立てたとします。

　そして、抜けたところ★を買ったとすると、翌日には下落してい
ます。予測と違う動きになってしまったのです。上で100日線と
60日線が下げていて、その下で20日線の上に5日線がある場面は
とても不安定な局面といえます。

　この局面に比べれば、先ほど解説した**チャート②**の★は予測しや
すいところといえるのです。ですから、不安定な動きをしていると
ころでは何もしないほうがいいでしょう。PPPや逆PPPなど株価
の動きが予測しやすいところを狙ってトレードしましょう。

■■■■高値まで上昇したら、どうなるかを予測する

　では、もうひとつの作戦を解説します。もし、初級者がこの作戦
を思いついたら、すごいなと思います。

　このまま下落して、下半身になったら買うのは先ほどと同じです。

　ここから先をさらに予測します。**下半身から上昇していき、前の**
高値まで上昇した場合はどうするのかまで考えるのです。

　2つのケースが考えられます。ひとつは前の高値を抜け、そのま

ま上昇が続いた場合です。このケースでは買いを保有するか、買い
増しをします。

　もうひとつ。前の高値を抜けずに下落したら、どうしましょう？

　その場合は5日線のW天井が完成します。PPPの局面での作戦
の基本は買いですが、**5日線のW天井が完成したら、攻め方は〝売
り〟**でした。

　そこで作戦としては高値を抜けられなかったのを確認したら、買
いを手じまい。そして、下落が始まり、W天井が完成したら、売り
を仕掛けるという攻め方ができます。

■■■■ エントリー後もその先を予測し、作戦を立てる

　実際に、この後どうなったかを、次ページの**チャート③**で見てい
きましょう。

スズキの株価を先読みする

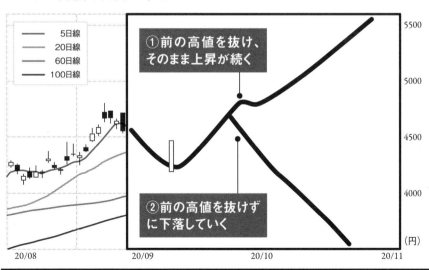

凡例：5日線／20日線／60日線／100日線

①前の高値を抜け、そのまま上昇が続く

②前の高値を抜けずに下落していく

5500　5000　4500　4000　（円）

20/08　20/09　20/10　20/11

9月10日からは下落しています。この下落では売りも買いも、何もしません。

　そして、下半身を確認して、9月28日に買いを入れます。

　あとから見ると簡単ですが、実際に9月10日にこのような作戦を立てたとしても、<mark>その後、下落していくのを何もしないで見続けて、9月28日に買うのはなかなか難しい</mark>と思います。

　20日線に当たって下がるかもしれない、あるいは4500円の節目で下がるかもしれないと考えると、コワくて買えないかもしれません。

　しかし、ここで解説したような作戦を立てたら、ここはもう買いしかないのです。買いを入れると同時に、このように考えておきましょう。

　「20日線に当たって陰線が2本ぐらい出たら、そこで買いを手じ

スズキの日足チャート③

まいしよう。そのまま下落して5日線のW天井になったら、今度は売りで入ろう」

　さらに、買いを手じまいする場面も予測できるとベターです。

「20日線を抜けて上昇しても4500円の節目が超えられず、下がって陰線が2本ぐらい出たら買いを手じまいしよう」

　仮に4500円の節目で下がった場合も、5日線のW天井になります。すると PPP でも売りを入れる局面になります。

　では、W天井を見て、売ってしまったが、少し下がって結局、上がってきたらどうすればいいでしょう？

　〝少し下がって上がる〟というのは、下値が切り上がったことになります。ですから、売りを手じまいして買いを入れます。

　エントリーしたらそれで終わりではなく、その後も、その先の株価の動きを予測し、常に作戦を立てておきましょう。

　今回の買いの手じまいでは、逆下半身になった10月13日に行います。前日にも陰線が出ていますが、ここは5日線の上です。5日線を割ったところで「怪しい」と見て手じまいにします。そして、今度は売りでエントリーしていく場面です。

03

例題2　三越伊勢丹HD

下半身で買い、W天井で売り、2つの戦略が必要

■■■■どんな局面でも戦略なき戦いをしてはいけない

　トレードを始める前には、必ず作戦を立ててください。株価の動きを予測できず、作戦が立てられないときには戦わないほうがいいでしょう。

　戦略が思いつかないのは、自分の技術が未熟だからかもしれません。それならば、戦略が立てられるようにもっと勉強する必要がある、ということを示唆しています。

　では、続いて例題2は、**三越伊勢丹ホールディングス**（銘柄コード3099）です。次ページの**チャート①**の★を見て、どのような戦略が立てられるでしょうか？

　チャートを一見して「難しい」と思ったら、ここまで勉強してきた5つの基本にひとつひとつ当てはめてみます。

　移動平均線の位置はどうでしょう？

　下から100日線、60日線、5日線、20日線です。そして **下半身** が出現しました。ということは **PPPに戻れるのではないか** と考察できます。

　下半身が出る前の株価の動きを見ると5日間横ばいで、下半身はそれを抜けています。さらに、**1000円という節目** も超えています。

　これを整理すると、**横ばいから下半身で抜け、節目も抜け、まもなくPPPが完成する**といえます。この条件から考えると「買い」です。

　その先まで考えてみましょう。**注目してほしいのは、前の高値で**

す。もし、前の高値に届かず、上昇の勢力が弱って下がってきたら、高値切り下がりになります。そしてＷ天井にもなります。こうなったら、買いは手じまいして、下落を確認してから、売りを入れるという作戦になります。

　★のローソク足を見て、

①下半身、節目、PPP で買い

②次に、高値切り下がり、W天井で買いを手じまいして売り

という２つの戦略が立てられないといけないということです。

■■■■■PPPでも5日線のW天井が出現したら売り

　では具体的にどう動いたかを見ていきましょう（次ページの**チャート②**）。100日線の上にローソク足があり、下半身なので買います。しかし、陰線が出るなど、動きは怪しいです。20日線が横ばい

三越伊勢丹HD の日足チャート①

になってきたのが、心配です。そして、1000円の節目を抜けられるか注目していると、抜けました。大丈夫です、まだ手じまいせず、買いを持っています。

前の高値を陽線で抜けてきたら、PPPになるので買いを追加します。ところが陰線（逆下半身）が出て高値を抜けずに下げました。

手じまいと同じところで売りを入れていきます。加えて20日線は横ばいで下向きです。2つ目の戦略に従います。逆下半身で買いを手じまいします。

ここからは手じまいと同じところで売りを入れていきます。下落が始まり、再び5日線の上にローソク足が出たあたりで売りを手じまいします。

この例題からは、売買をする前に2つの局面を予測し、戦略を立てておく必要性があると覚えておいてください。

三越伊勢丹HD の日足チャート②

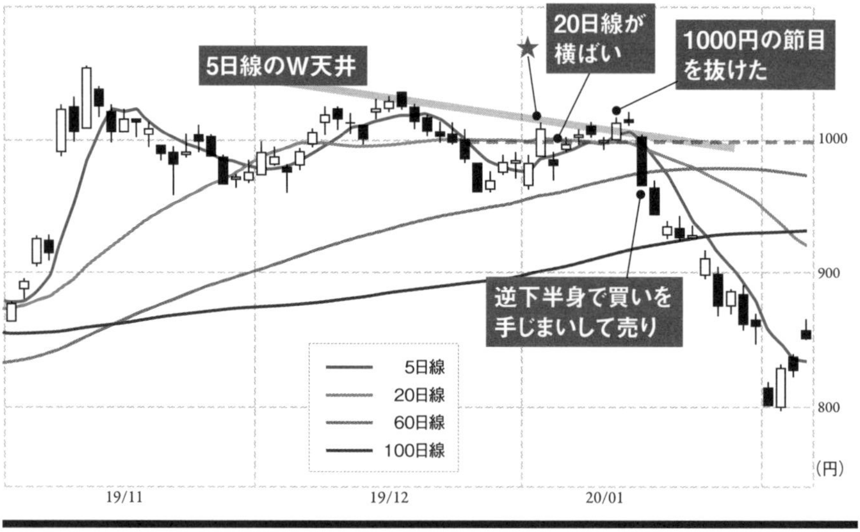

5日線のW天井

★

20日線が横ばい

1000円の節目を抜けた

逆下半身で買いを手じまいして売り

5日線
20日線
60日線
100日線

1000

900

800

(円)

19/11　　　　19/12　　　　20/01

100日線とW底の複合ワザで戦略を立てる

■■■■基本の戦略を立てたら、その先まで考察する

例題3は、**東洋紡**（銘柄コード3101）です。

チャート①の★を見て、戦略を立ててみましょう。

基本は買いですか？　売りですか？

ローソク足は100日線の下にあります。**基本は売り**です。

このあと陰線の逆下半身が出て、グッと下がるかもしれません。

あるいは、2000円の節目があり、少し上がって**節目にぶつかって下落して陰線が出たら売り**で入るかもしれません。節目に限らず

東洋紡の日足チャート①

上昇していき、どこかで下落に転じたら売ります。

　また、売りだけではなく、「買い」の戦略も考えられます。

　100日線の下でも、5日線がW底をつけて上昇したら、買いの局面になるからです。

　すると、★のローソク足を見て、立てられる戦略は売りが2つ、買いがひとつ、合わせて3件の戦略が立てられます。

　ほかにも戦略が立てられますが、わかりますか？

■■■ 予測通りの動きになるまで何もしないでがまん！

　では、実際に東洋紡のその後の動きを見ていきましょう（次ページの**チャート②**）。

　戦略のひとつは、節目に当たってグッと下がり陰線が出たら売りでした。すると★の翌日も、その翌日も、横ばいです。ですから、

東洋紡の株価を先読みする

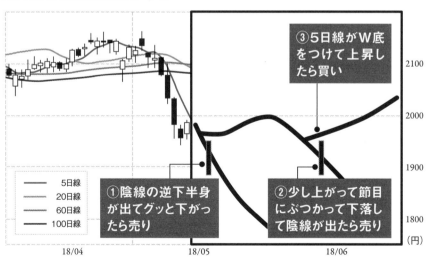

③5日線がW底をつけて上昇したら買い

①陰線の逆下半身が出てグッと下がったら売り

②少し上がって節目にぶつかって下落して陰線が出たら売り

5日線
20日線
60日線
100日線

2100
2000
1900
1800
（円）

18/04　　18/05　　18/06

ここは何もしません。

　そして5月23日に5日線の下で陰線が出ました。**逆下半身**です。ここで売りを入れます。横ばったあとの陰線で売りを入れたわけです。

　移動平均線を見ると **5日線と20日線のものわかれ** になっています。

　移動平均線の位置は、60日線と100日線が下降して、60日線が100日線に近づき、上から60日線100日線、20日線、5日線で下落トレンドを示し、**逆PPP** になりそうです。

　では、この売りをどこで決済しますか？

　最初の陽線はがまんしましょう。そして陰線を挟んで陽線の3本目で手じまいをします。

東洋紡の日足チャート②

05

例題4　SUMCO

複合ワザと早めの撤退で
成功率を高める

■■■基本を確認し、W天井に注意してエントリー

　例題4は、**SUMCO**（銘柄コード3436）です。ここも最初に作
戦立案です。

　そして、5つの基本に戻ってください。覚えていますか？

　「**刻む**」「**"ド・ストライクを狙う"**」(100日線の上か下か、下半身、
逆下半身）」「**PPPはゴキブリ**」「**ものわかれ**」「**5日線のW天井、
W底**」の5つでしたね。

　この5つを確認してから、**チャート①**を見てみましょう。★のロ

SUMCO の日足チャート①

ーソク足は100日線の上ですから、基本は買いで戦う必要があります。買いを入れたとして、注意しなくてはいけないのは**5日線のW天井**です。

　株価が上昇して、PPPになったものの、前の高値を抜けずに下げてくると5日線のW天井になります。PPPでもW天井は売りですから、買いを手じまいして、売りを仕掛けることになります。

　このような作戦が立案できます。

　では、その後の展開はどうなるでしょうか？　**チャート②**を見てみましょう。

　5日線が上向きになり、PPPに戻りそうな、★で買いを入れてみましょう。

　注意が必要なのは、5日線のW天井でした。

　20日線をローソク足が抜けてきました。ここは買い増しをしま

SUMCO の日足チャート②

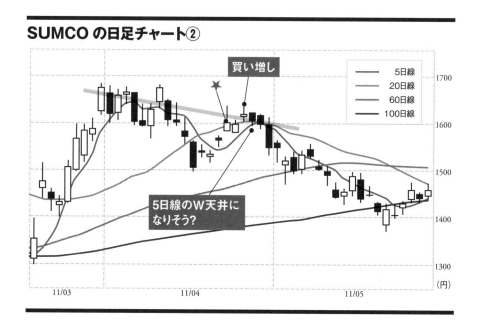

す。ところが、翌日は陰線で上昇の勢力が少し弱ってきました。このままいくと5日線のW天井になりそうです。W天井は売りでした。そこで、いったん買いを切ります

■■■■ 刻んでいけば資金管理や損切りもやりやすい

W天井を予測して手じまいをするのは損切りになります。といっても多額の損失にはなりません。

資金管理という面から、エントリーしたらどこで損切りするかを考えておくことが必要と言われています。中には5％下がったら損切りというルールを決めている人もいます。

しかし、このように次の動きを予測して、早めに手じまいをするトレードを心がけていれば、資金管理うんぬんと難しく考える必要はないのではないでしょうか？

トレードを続ける限り、資金を効率よく回して、何かを売ったり買ったりしなくてはなりません。早く手じまいをすれば損失は少なく、その資金を次の投資に回せます。

これが基本の「刻む」ということです。早め早めに次の手をうって、刻んでいけば資金管理にさほど気を遣う必要はないのです。

■■■■ 難しい局面では作戦変更できるワザを

では、例題に戻りましょう。**チャート③**を見てください。

PPPで5日線のW天井になったら売りです。そこで陰線の逆下半身で売りを入れます。

手じまいは陽線が出てからですが、最初の陽線はまだ決済しません。がまんです。そして次の陽線で決済します。

どうでしょう？　解説を聞けば簡単そうに思えるかもしれません。ところが、作戦立案★をして数日後にとても難しい局面が出現

しています。

　実戦で適切な作戦変更ができるかどうかが、トレードの成否を分けることにもなりかねないのです。

　では、最初に戻って難しい局面を見てみましょう。

「買いで攻める」と作戦立案したあとの陰線です。

　この陰線を見て、「買いの作戦は違っている」と、まず気づけるかどうかが重要です。そして、次に**「これはW天井になるかもしれない」**と考えられるかどうかも大切です。

　陰線から、このような考察がアタマに思い浮かんで、初めて買いの手じまいができ、「売り」を仕掛けられるのです。

　局面に応じて作戦変更ができるように日々、チャートを見ては「ああなったらこうなる」と考察し、トレードの練習を積んでおくことが大切です。

SUMCOの日足チャート③

節目、W底、N大と
ワザを駆使してトレード

■■■■■移動平均線と株価の動きから複数の戦略を

　例題5は、**資生堂**（銘柄コード4911）です。**チャート①**を見てください。

　基本の戦略は100日線の下、そして逆PPPなので、★のローソク足では売りです。

　陽線で上がっていますが、1000円の節目を超えられず、5日線の下に陰線が出て、逆下半身になったら売りで入る――これがメインのプラン①です。

資生堂の日足チャート①

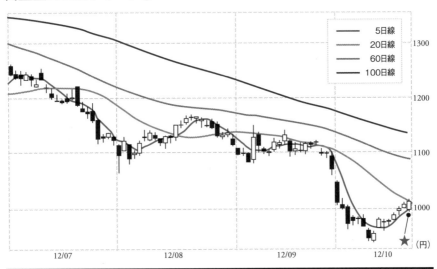

　しかし、戦略がこれだけでは、予測と違う動きをしたときに困りますから、違う戦略も立てておきましょう。

　②下がってきた株価が1000円で下げ止まり、再び上がるという局面も予測できます。

　③節目の1000円を超えて抜けていったとします。

　④しかし、60日線と100日線までに株価が到達するには距離があります。そこで、どこかで下がるのではないかと考え、下がってきたら、売りを入れるというプランも立てておきます。

　この局面では逆PPPの中で5日線のW底になります。そして、⑤20日線を超えて、軽く下がり、1000円でまた上がっていけば、N大＊にもなります。このような局面になったら、買いということになります。

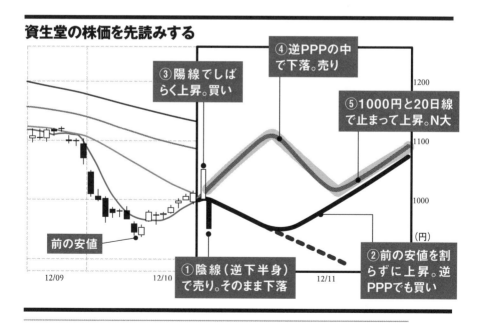

資生堂の株価を先読みする

③陽線でしばらく上昇。買い

④逆PPPの中で下落。売り

⑤1000円と20日線で止まって上昇。N大

前の安値

①陰線（逆下半身）で売り。そのまま下落

②前の安値を割らずに上昇。逆PPPでも買い

1200
1100
1000
（円）

12/09　12/10　12/11

＊N大　5日線が上がって下がってまた上がる上昇のサイン。逆N大もあり、これは下がって上がってまた下がる下落のサイン

121

■■■■■前の安値からW底を予測して売買を行う

　では、続きの**チャート②**を見ていきましょう。1000円の節目で陰線、逆下半身になりました。ここで売りを入れます。

　この先は、そのまま下がっていくのか、前の安値で下げ止まるか、戦略を立てながら見ていきます。==前の安値で下げ止まり、陽線の下半身==が立ちました。しかも20日線の上に出た5日線が20日線に接近したのにもかかわらず、20日線を割らずに上向きになりました。==1000円の節目も終値で超えて==います。

　よく見ると==5日線のW底==です。==逆PPPでも、W底は買い==です。また、このまま5日線が上昇していけばN大になります。そこで、下半身で売りを切って、買いを入れます。その後、並びを抜けた陽線で買いを追加していきます。大きな陰線が出たところで手じまいです。

資生堂の日足チャート②

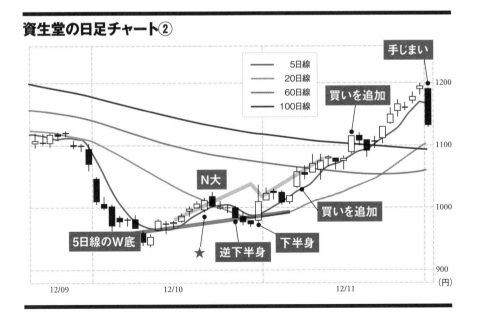

07

ワザの定着

練習を重ねてワザを
定着させ、成功率を高める

■■■ まずはチャートを見て自分で解説してみよう

　ここまで例題を５つ、解説しました。みなさん、「簡単だ」と思いましたか？

　解説では簡単そうかもしれませんが、実戦では熟練が必要です。

　これらの例題ではワザを身につけ、磨けば、どのような局面でもワザを駆使してトレードできるということを証明できたと思います。

　この例題を何度も、何度も、繰り返し見直してとことん理解してください。

「なるほど、なるほど」と理解が深まれば深まるほど、例題の局面ごとに使うワザがアタマの中に残っていくのです。

　例題１～５に似たような局面をチャートで探してみると、実はかなり見つかるはずです。それが見つかったら、自分で解説してみてください。

　壁に向かってでもいいし、壁が味気なかったら、窓から外を見て、歩いている人でもいいし、死んだおじいちゃん相手でもけっこうです……。

　架空の人に向かってでもいいので、戦略の立て方、「ああなったらこうなる」「こうなったらああなる」と解説してみましょう。自分の考え方をアウトプットすると、考えが定着するからです。

　私も、本書を書いて、みなさんにレクチャーすることで研究した技術がより定着して、技量も上がっていきます。

■■■■■ 例題を自分で作って、解説をしてみよう

同じような局面で解説できるようになったら、次は例題1〜5とは違う局面で、ご自身でも例題を作成して、解説をしてみてください。「ド・ストライク」が使える例題、「ものわかれ」が使える例題、「W天井、W底」が使える例題……そして基本のワザの複合を使う例題など、自分で例題を作ってみましょう。

これにはかなりアタマを使います。**問題作成も解説も、自分が身につけたワザを総動員**しないとできませんから、かなりの実力がつくはずです。

こうして練習していると実際のトレードで、「これはローソク足が100日線の上だ」「PPPでゴキブリだ」「ものわかれがもうすぐできあがるぞ」「これは5日線のW底かも！」など、いろいろと株価の動きが予測できるようになり、トレードの成功率が高まっていきます。

■■■■■ トレーニングを重ねるほど実戦で強くなる

実際のトレードを1、2回行って成果が出たら、チャートから自分で問題を作って、解説し、練習し、またトレード……というように**練習と実戦を繰り返していけば、どんどんトレードの技術は磨かれる**ようになっていきます。

スポーツや武道、囲碁、将棋などと同じで、トレーニングを重ねるほど強くなれますし、試合でも勝てる確率が高くなります。

みなさんも、チャートでトレーニングをすればするほど、さまざまな局面で駆使できるワザが身につき、大きな成果が上げられるようになっていきます。

第 5 章

どんな相場でも がっつり稼ぐ 「建玉」の作法

01

建玉の操作

建玉には「攻めの建玉」と「守りの建玉」がある

■■■売りや買いを増減させるトレードの技術

ここからは建玉の操作について説明していきます。

建玉の操作とは「買い」と「売り」の両方を保有し、保有する量を株価の動きやトレンドの状況に合わせて、増やしたり減らしたりするトレードの技術です。

建玉の操作をマスターするとひとつの局面で売り買い両方の利益が狙えたり、売買のエントリー後に株価が予測と違う動きをしたときには、リスクを回避しながら利益を上げられたりするケースも多々あります。

初心者にとっては少し難しいかもしれませんが、ぜひともマスターしてほしい技術です。

最初に建玉の操作には2種類あることを理解しておいてください。

ひとつは「攻めの建玉」、もうひとつは「守りの建玉」です。

「攻めの建玉」は一定の条件のもとで買い増し、売り増し、さらには売り上がりをして玉を増やし、大きな利益を狙う建玉です。

「守りの建玉」の代表はロスカット、いわゆる損切りです。損を出さず利益を確保するための建玉です。また、損失を回避するためのヘッジ＊も「守りの建玉」になります。

＊ヘッジ 「生け垣」を意味する英語。転じて「防御するもの」の意味がある。トレードのヘッジ取引とは、買ったあとの値下がり損、空売りしたあとの値上がり損を防ぐために、逆の操作を行うこと

■■■ 上昇時に次の下落を狙う「売り上がり」も 攻めの建玉

　攻めの建玉、守りの建玉についてもう少し詳しく説明しましょう。

　まず攻めの建玉の話をします。

　買いを入れた局面を例に挙げます。

　100 円で買いを入れたら予測通りに上昇。そこで 150 円で買い増ししました。ところが、ここが天井で株価は下落。125 円まで下落しました。すると 150 円で買った玉は 25 円の損、100 円で買った玉は 25 円の利益になります。これならプラスマイナス、ゼロです。

　しかし、100 円まで下がるとマイナス 50 円です。つまり、何も考えずに買い増しした玉が最初にエントリーした買い玉の足を引っ張ってしまったわけです。

攻めの建玉で買いを入れた場合

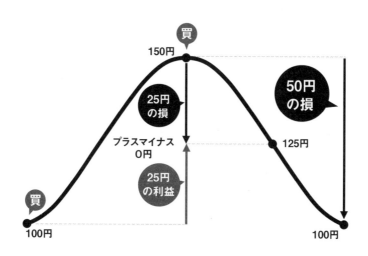

127

このようなことが起こらないように、追加するにはある程度のルールが必要です。

例えば上昇の場合は続伸して、いったん横ばいになり、そこを上に抜けたとき、あるいは節目を超えたときなど、**上昇がさらに続くと予測できるタイミングで追加するというルール**です。ルールに沿って買い増しをするのは、**買い玉を増やし利益を大きくするためですから、「攻めの建玉」**といえます。

上昇時に次の下落を狙って売りを仕掛けていく「売り上がり」も、「攻めの建玉」のひとつです。売り上がりは株価が上昇しているときに1回目の売りを入れ、そこから上昇したら2回目、さらに上昇したら3回目の売りを入れるというトレードです。

それなら、「最初から天井圏で売ればいいのに」と思う人がいるかもしれません。

攻めの建玉で売りを入れた場合

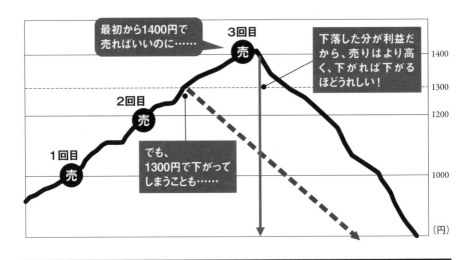

　例えば 1 回目 1000 円、2 回目 1200 円、3 回目 1400 円で売るなら、全部 1400 円で売ったほうがいいのではないかという疑問です。しかし、1400 円が天井だとわかるのはあとになってからで、上昇している最中にはどこが天井かわかりません。1300 円で下がってしまうこともあり得ます。

　売りはより高い価格で売ったほうが、下がって買い戻しをしたときの利益がより大きくなります。空売りを入れるということは下落を期待しているのに、私などは、どんどん上昇していくほうが「楽しい！」「ワクワク！」そんな変態的な気持ちになってしまいます。

　みなさんも、そんな「変態」の境地に近づけるよう、一緒に精進していきましょう！

■■■■ 守りの建玉は利益を確保するためのヘッジ

　次に「守りの建玉」について説明しましょう。

　買い玉を持っていて、5 日線の下にローソク足の陰線が入り、逆下半身が出現したからロスカットをした──これも建玉の操作です。

　つまり、持っていた買い玉がゼロになるのですから、建玉を操作したことになります。

　ロスカットは非常に単純な「守りの建玉」です。そのまま保有していたら、損失が増えるのを防ぐのですから「守りの建玉」なのです。

　重要な「守りの建玉」は〝ヘッジ〟です。ヘッジは基本的には「保険」という考え方です。車を買って事故を起こしたときのために保険を掛ける。この考え方と同じだと思っていいでしょう。

　例えば上昇トレンドで買い玉を持っているのに下落したとき、再び上がると予測できたらヘッジを入れます。下から 100 日線、60 日線、20 日線があり、5 日線だけが下を向いているような局面です。このとき買いを切らずに買いを持ったまま空売りを入れるのです。

なぜヘッジを入れるのかというと、下落が一時的ならいいのですが、そのまま下がってしまい、買い玉を切ったとしても、空売りの利益で損失を免れることができるからです。

「買い玉3000株を持っているが、下がってきた。また、上昇すると思うが、このまま下落したら損が大きくなるので、買い玉の半分の1500株の空売りを入れよう！」

　これがヘッジです。そのまま下落したとき、もし、ヘッジの空売り1500株が入っていなければ買い玉3000株はどんどんマイナスになります。しかしヘッジが入っていれば、1500株分は利益が減らないのです。そして、もし、下落トレンドに転換してしまったら、その時点で買いを切って、売り玉を増やせば、売りで利益が取れます。

守りの建玉で空売りを入れた場合

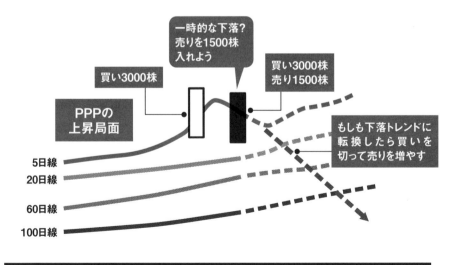

02

「攻めの建玉」「守りの建玉」どちらを使うか意識する

■■■■ 攻めの建玉、守りの建玉の違いとは？

では、「攻めの建玉」と「守りの建玉」の違いは何でしょう？

それは〝狙い〟です。何を狙っているかが違うのです。

「攻めの建玉」の狙いを売り上がりで説明しましょう。

売り上がりでは株価上昇の局面で、空売を重ねていきます。すると1回目に入れた空売り1000株は株価が上がるのでマイナス、2回目の1000株も、3回目の1000株もマイナスになります。見た目には損が重なる負け勝負です。

ところが、トレーダーは過去のチャートから5000円という節目で下がると予測して売りを入れています。5000円を狙って売りを重ねているのですから、「攻めの建玉」になるのです。

では、「守りの建玉」の狙いは何でしょう？　ヘッジで考えてみましょう。

先ほども話したように買い玉を持っている上昇局面でのヘッジの売りは株価が下落した際、一時的な下落だと予測して買いを切らない代わりに、そのまま続落しても損を大きくしないための「保険」でした。

このときに入れた売り玉の狙いは、今持っている買い玉3000株を守るための売りだということです。

攻めの建玉は「玉を増やして利益を狙う建玉」、守りの建玉は**「持っている玉を守るために入れる建玉」**といえるでしょう。

何を狙って玉を入れているのかを意識すると、「攻めの建玉」か

「守りの建玉」かがわかります。

　建玉の操作では自分は今「攻めの建玉」なのか、「守りの建玉」なのかを理解しておくことはとても重要です。

　例えば、買いを入れたが下がってきたとき、上昇するという予測が明らかな間違いであれば、買い玉を守るためのヘッジとしての売りは入れません。そのような局面では買い玉を切ります。その後、動きを見て下落が始まったら攻めの建玉として売りを入れます。

　判断を間違えて買った買い玉なのに、それを守る建玉として売りを入れ、売り・買い、両方の玉を持っているというのは適切な状態とはいえません。

　ですから、攻めか、守りか、きちんと意識したうえで建玉を操作してほしいのです。

　具体例で解説しましょう。

■■■■攻めか守りか、状況に応じて建玉操作をする

　建玉の操作では売買単位を「1－1」というように記載します。売買単位は100株でも、500株でも、1000株でもかまいません（第1章の18ページ）。ここでは、「1単位＝1000株」で設定します。「1－1」というのは、売りを1000株、買いを1000株持っているという意味です。

　次ページの図は、「下がる」と思って空売りを入れたが、上がってしまったケースです。

　5日線の下に陰線が入ったから、下がると思って空売りをしたのに、翌日、上げてしまいました。

　「この空売りで絶対、利益を出したいから、空売りを切りたくない。そこでヘッジの買いを入れて空売りをキープしよう」

　そんなふうに考えたとします。

　ヘッジを入れたのは、「上がってもいずれ下がる」と予測しているから、空売りを持ったまま、下がるのを待ちたいためです。ヘッジで入れた買い玉は、空売りを守る「守りの建玉」になります。

　すると建玉は空売りで利益を狙った売り玉「1」と売り玉を守るためのヘッジの買い玉「1」で「**1－1**」です。

　いずれ下がるという判断が正しいのは20日線の下に5日線があり、下落トレンドを示している場合です。しかし、移動平均線を見てみると20日線の上に5日線という上昇を示す移動平均線の並び方でした。

　しかも、60日線を見ると20日線と交差してPPPになるところでした。つまり、いずれ下がるという判断が間違いだったのです。

　そうであれば、空売りを守るヘッジを入れる必要はありません。

　では建玉はどうするかというと、上昇に転換する確率がかなり高

「守り」から「攻め」へ建玉の狙いを変えた例

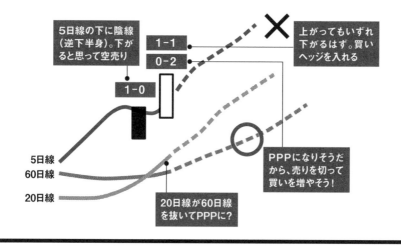

いと判断できましたから、売りを切ってゼロに、そして買いを増やして2にします（**0−2**）。

　すると今度は買いで利益を狙っていくことになります。ですから、この買い玉はヘッジではなく、攻めの建玉になります。

■■■ 建玉を入れるときには自分の狙いを明確にする

　ここまで、攻めとか守りとか分類していますが、実のところ分類が大事だと言いたいのではありません。

　攻めているのか、守っているのか、わからずに空売りを入れたら上がってしまった、だから反対の玉を入れたというのではダメだと言いたいのです。

　例えば買いでエントリーしたのに下がってしまったとき。守りのヘッジとして売り玉を入れるのか、それが局面によっては売りで利益を狙う攻めの建玉になるのか、どういう狙いの建玉なのかを理解して入れてほしいと言っているのです。

　ヘッジの売り（本当の狙いは上昇で、「保険」としての売り）なら、再び上昇に戻ったときには、その売りを手じまいします。でも上昇に戻らず下落していくようなら、売りは攻めの建玉になり、買いを切って、売り増しも考えられるからです。

　ですから、攻めか守りか、理解できて初めて、切ったり量を増やしたりという建玉の操作ができるのです。

　さて、概略はこれくらいにして、次からはチャートを使って建玉の操作をシミュレーションしてみましょう。

03

日本水産

上昇を狙いヘッジをきかせて 買い増しで攻める

■■■■■上昇の前兆を判断し、攻めの買い玉を入れる

　ここでは、**日本水産**（銘柄コード 1332）の日足チャートを使って説明しましょう。

　チャート①は、9月から続落し、移動平均線は下落を示す逆PPPです。11月には、一時的に上がりますが、60日線にぶつかって下落。前の安値を下回らずに、再び、60日線まで上昇して下がります。しかし、次ページの**チャート②**を見ると、この下げでは陰線は20日線の下に少し顔を出しただけで下げ止まりました。400円近辺の

日本水産の日足チャート①

60日線まで上昇して下がる

5日線
20日線
60日線
100日線

逆PPP

前の安値

陰線が20日線の下

450

400
（円）

20/09　　　　20/10　　　　20/11

安値（下値）も切り上がっています。

　さらに見ますと、移動平均線は60日線、20日線、5日線が接近。そして、20日線、5日線が60日線の上に出てきました。

　上昇の前兆といえそうです。そこで、陽線で買い3000株を入れてみます。建玉は**0－3**です。

　上がり始めましたが、このまま上がっていくとは思えません。前の安値で買った人の利益確定の売りなどが出て、一度下がってから上昇していくことが多いからです。

　やはり、100日線の上から下げに転じてしまいました。ここで「買い3000株をどうするか？」が問題です。

　いったん手じまいをして、下げを見送り、上げ始めたらまた買うのもひとつの方法です。

日本水産の日足チャート②

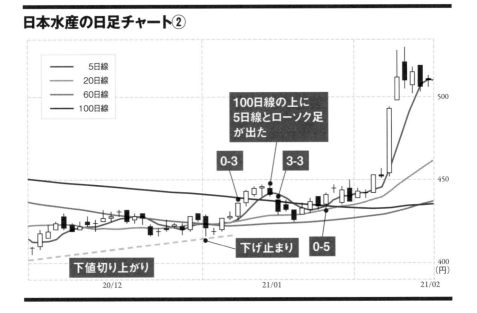

■■■■利益を確保するためにヘッジを入れる

　下げに転じる前の 5 日線とローソク足を見ると、両方が 100 日線の上に出ています。今までの一時的な上昇では 100 日線の上に出たことがなかったのに、ここでは 100 日線の上に出たのです。これは下がっても再び上昇してくる確率がかなり高いといえるでしょう。

　また、今までの株価の動きから、下がっても 20 日線を割らなければ上昇すると予測ができます。そして、**もともとこの買い玉はもっと上まで持っていく狙いで買った玉**です。

　すると、100 日線より下げたからといって、ここで手じまいするのではなく、買い玉は持ったまま、**ヘッジの売りを入れる戦略**が良策といえるでしょう。

　ヘッジの売り 3000 株を入れます。すると建玉は **3 ー 3** になりました。これで買い 3000 株、売り 3000 株、両方を持っていることに

ヘッジの売りを入れるという戦略

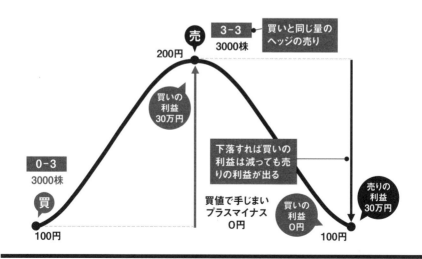

なります。両方持っていれば下落してしまっても利益が確保される
のです。

　例えばヘッジをかけた時点で買いの利益が30万円出ているとし
ましょう。下落すれば30万円の利益は減ります。しかし、ここで
は買いと同じ量のヘッジの売りが入っています。下落すれば売りの
利益が出ます。そこで買い玉を買値で手じまいしても、売りの利益
が30万円あることになります。

　つまり、**このヘッジは〝一時的な下落でまた上昇に戻る〟という
予測が外れて、下落しても〝損を出さない〟保険のヘッジ**です。

　もし、ここで買いを手じまいしても、買値に戻ったので買いの損
はゼロ。しかし、売りの利益が30万円あるので30万円は確保され
るというわけです。

■■■■ あらゆる予測の技術を駆使する

　ヘッジを入れ、動きを見ていると予測通りに5日線は20日線を
割らずに上昇してきました。ここで空売りを切って0にして、買い
の3000株に2000株買い増しして、買い5000株にしてもいいでしょ
う。すると建玉は**0−5**になります。

　上昇して横ばいになったり、W天井をつけたりしたら手じまいし
ます。

　この建玉の操作をするためには、移動平均線の動き、下値の切り
上がりや、高値が100日線の上に出るなど、ここまでの**株価の動き
から、上昇の気配を読み、さらに上昇する可能性などを予測する必
要**があります。

　日本水産でシミュレーションした、ヘッジを入れたり、買い増し
したりする局面はさまざまな銘柄で出現します。ですから、この一
連の操作を理解して、ぜひ覚えておいてください。

04
積水ハウス

下落を狙う売り増し、
上昇を狙う買い増しを使う

■■■■ 下落を狙って売りを入れ、さらに売り玉を追加

　チャート①は、**積水ハウス**（銘柄コード 1928）の日足です。

　移動平均線の並び方は下落トレンドを示す逆 PPP です。7 月に
少し上昇しましたが、やはり下落。8 月、もう一度上がってきまし
た。移動平均線の並び方は 100 日線、60 日線、20 日線、5 日線の
逆 PPP です。この上昇も下がる可能性が大きいと予測できます。

　すると、ここでは下落を狙った売りが仕掛けられるでしょう。

　上昇してもやはり、陰線が出てしまいました。下がる可能性が高

積水ハウスの日足チャート①

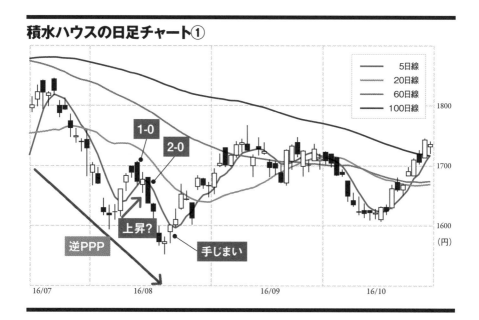

い確率で予測できます。そこで売りを1000株入れました。建玉は**1－0**です。翌日の陽線は5日線の下なので見送ります。

今度は5日線の下に陰線ですし、5日線が20日線に届かないものわかれです。逆PPPとものわかれ。ということは下落の可能性が一層、高まりました。

そこで、もう1000株を追加します。建玉は**2－0**になりました。

この建玉は、<mark>追加してさらに利益を狙う玉ですから「攻めの建玉」</mark>ということになります。

下落して陽線ひとつ目はがまん、2つ目で手じまいです。

■■■■■ 上昇の初めで少し買い、確率が高まったら追加

続く**チャート②**では、底をつけて株価は上昇して、5日線が20日線、60日線の上に出て横ばいになりました。

<mark>上昇して横並びになるのは買いの勢力が弱まり、下がっていく前兆</mark>と考えられます。そして5日線は60日線の上に出て頑張ったにもかかわらず、20日線の下に入り、ついには60日線も割ってしまいました。20日線の下の陰線★を見れば、空売りを入れられるでしょう。

この局面では、下落を取るほかにもうひとつの戦略が立てられます。

20日線に注目してください。それまでずっと60日線の下に位置していたのが、上に来ています。5日線も下がったとはいえ、横ばいの局面では60日線の上に2回出ました。

ここで考えられるのは、上昇の勢力が8月、9月より少し強くなってきたということです。

すると、この下げが前の安値より高いところで止まったら、8月の底とW底になる、そうなれば上がる可能性が高いと予測できます。

そうなると下落の空売りだけでなく、上昇の買いも狙えるのです。

■■■■ 上昇の買いも狙う「攻めの建玉」

　下落を見ていると横ばいになりました。このような局面での横ば
いは下落の勢いが弱まったことを示し、ここから上昇することがよ
くあります。

　コマのような陽線が出た日★はまだ下げ止まりとは判断できませ
ん。翌日の陰線もまだです。次の陰線で3日間の横ばいです。もし
ここで下げ止まれば、8月の安値より高いところで止まってW底が
完成します。陽線のコマで4日間ですから、下げ止まりと判断でき
そうです。

　そして陽線が5日線の上に出ました。これで5日間の下げ止まり
です。それも前の安値より上で下げ止まり、W底になりました。こ

積水ハウスの日足チャート②

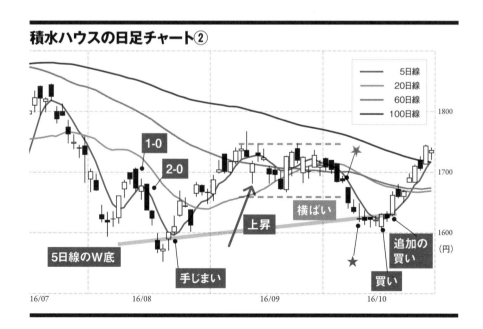

の時点で下落から上昇へ向かうと予測できるので少し買いを入れます。まだ、上昇トレンドへの転換という確率は高くないので、少しにしておきましょう。

　翌日は陰線ですが、5日線の上で留まっています。そして次の**大陽線（下半身）では前の安値より上がっているのが確実**になり、上昇の確率がかなり高まりました。そこで追加の買い玉を入れます。これも攻めの建玉です。上昇が横ばいになったところで手じまいです。

05

日本郵船

下落を狙って、上昇しても
売っていく「売り上がり」

■■■■ 2000円の節目からの下落を狙っていく

続いて、**日本郵船**（銘柄コード9101）の登場です。

ここでは、売り上がりについてさらに詳しく説明しましょう。

チャート①を見ると、7月の下落から上がって9月には横ばいに
なっています。

これは前の高値あたりで買っていた人の売りや下のほうで買った
人の利確売りが入り、売り買いが拮抗して、もみ合っている状態と

日本郵船の日足チャート①

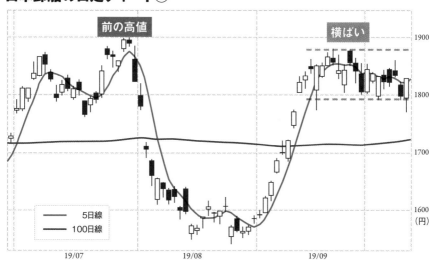

143

いえます。それが**チャート②**を見ると、横ばいを抜けていきました。もう売りが尽きて、買いが次々に入り、上昇しているということです。

　しかし、2000円の節目で一度下がり、再び2000円を超えましたが、また下がっています。この下げは60日線の近くまで下がっています。

　下落したところで、次のように考えることができます。

「2000円は重要な節目だ。次に上がったときには2000円に達しても、利益確定の売りがかなり出そうだ。前の高値も2000円ほどだ。すると2000円か、前の高値の手前か、そのあたりの価格帯で下がる可能性が高い。それなら、2000円からの下落を狙って、売り上がっていこう」

　これが売り上がりの基本的な考え方です。

■■■■■下げ止まりから上昇を予測して最初は買いで

　では11月に2000円をつけて下がったところから建玉の操作をしてみましょう。

　次ページの**チャート②**を見てください。

　下落して1回上げて、また下げて止まり、5日線の上に陽線が出ました。このとき、5日線は60日線、100日線の上にあり、上向きです。ここからは上昇すると予測できるので買いを入れます。**0－1**。

　横ばいを抜け、陽線が5日線、20日線の上に出ました。さらに上がりそうです。そこで買いを2000株追加します。建玉は**0－3**になりました。

　この買いを入れたところは、節目の2000円に近い価格帯です。

予測通りの動きをすれば、そろそろ下落してもおかしくありません。ここから売り上がりを仕掛けます。買いと同時に売りを 1000 株入れました。

　この建玉では買い玉 3 ですから、上がれば上がるほど利益が出ます。上昇すると、売り玉 1 はマイナスですが、買い玉が 3 なので「3 − 1 = 2」で買い玉 2 はプラスです。上がっても売りの損は買いで補填できるということです。

　そして少し上がって、下がってきました。買い玉ですが、移動平均線が PPP なのでここから急落していくとは考えにくいので切らずに持っています。まだ**1 − 3**です。

　すると 2000 円を抜けてきました。この時点で買い玉 3 はプラスです。

　売り上がりの狙いは 2000 円からの下落です。そろそろ 2000 円に

日本郵船の日足チャート②

なるし、前の高値のあたりなので売りを2000株足します。すると建玉は**3－3**になります。

　ここでは次のようなことが言えます。買い玉3はプラスでかなりの利益です。前に入れた売り玉1はマイナスです。今入れたばかりの売り玉2は損もしていない代わりに利益も出していません。つまり、この時点では買い玉2が利益を出していることになります。

「それなら、ここで３－３にせず、手じまいをして買い玉2000株分の利益を取ればいいのでは？」

　そんな質問が出るかもしれません。

　そうしないのは、次に予測できる下落も利益にしようという狙いがあるからです。

　その根拠は2000円の節目、8月の安値1500円から2000円まで、

日本郵船の日足チャート③

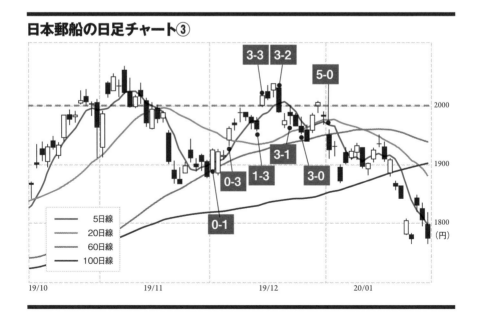

約 30％に当たる 500 円の上昇です。

　日本郵船はしっかり出来高もある大型株ですから、30％ の上昇はそろそろ天井と予測できるのです。

　また、売り玉 3 を入れたのは、もし、ここから大暴落したら、買い玉 3 は損が増えていきますが、売り玉 3 は利益が増えていきます。すると、買い玉 3 の利益は売り玉を同じ量の 3 にした時点で確定していることになります。（137 ページ参照）

　暴落と判断した局面で、買いを切っても損にはなりません。そして、売りを増やせば、売りと買い、両方の利益が取れるのです。

■■■■■ 買いを利確し、売りの利益を狙って売り増し

　2000 円を超えましたが、陰線が出現し、Ｗ天井になりました。上昇を示す PPP でもＷ天井は下落の前兆、売りを仕掛けてもいいサインです。そこで、売り玉はそのままで買い玉をひとつ外し、買いの利益を確定します。**3－2**。

　陽線が出ましたが、5 日線の下です。次の陰線で買いをさらにひとつ、切ります。**3－1**。

　陰線が 20 日線にくっついてしまったので最後の買い 1 も外します。**3－0**。

　コマの陽線が出ますが、2000 円に到達せず、下落。5 日線が 20 日線を割り、5 日線の下に陰線が出ました。これで今後は下落していくと高確率で予測できます。そこで売りの追加 2000 株を入れ建玉を**5－0**にします。

　ここからは下落していく局面で、売りの 5000 株で利益を取っていくことになります。

■■■■ 売り上がりのターゲットになる銘柄とは?

以上が、売り上がりという「攻めの建玉」の操作でした。

売り上がりをするには、それなりのターゲットが必要です。日本郵船のように**上昇の値幅が一定している銘柄**(日本郵船の場合は30%ぐらいになると下落に転じる動きをする)で、**株価が節目や前回の安値に近い位置にあるものを見つけたら、売り上がりのターゲット**と考えられます。

売り上がりをするときには、買い玉を追加しながら売っていったほうがいいでしょう。買い玉を入れず、売り玉だけにすると株価が節目や前の高値を超えて、どんどん上昇してしまったときには大きな損失が出てしまうからです。

買い玉を追加していけば、たとえ上に抜けても買い玉で売り玉の損失を補塡あるいは相殺できます。

次は、月足チャートを使って、売り上がりを解説しましょう。

06

アサヒグループHD

「売り上がり」は月足を見ると
戦略が立てやすい

■■■■ 月足チャートから節目での下落を予測する

　月足はローソク足1本が1カ月になります。相場の上昇につれて
売りを増やしていく「売り上がり」を仕掛けるときには、日足の前
に月足を見ましょう。より大局のトレンドを確認してから、作戦を
立てたほうが成功する可能性が高いといえます。

　チャート①は、**アサヒグループホールディングス**（銘柄コード
2502）の月足チャートです。

　2012年から、ほぼ右肩上がりで5年間上げてきて、6000円とい

アサヒグループHD の月足チャート①

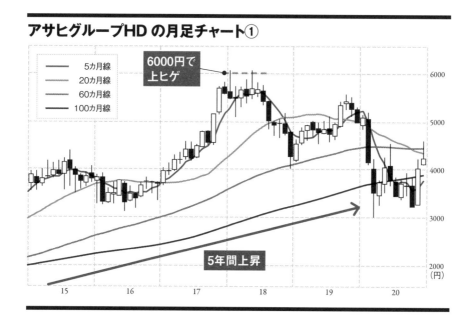

う節目に達しました。その前々年は 3000 円ほどですから、約 2 年間で倍になったわけです。

■■■■天井圏からの下落でもうひとつの戦略

　6000 円で上ヒゲ*を付けています。この上ヒゲから、上昇が弱まり、そろそろ天井圏に達したと推測できます。すると==一度下げて、もう一度上がり、また上ヒゲをつけて下落するのではないか==と予測でき、売り上がりの戦略が立てられます。

　その戦略は、==下がった月の翌月から、上がったところを日足で 6000 円まで売っていく==（売り上がる）というものです。

　そして天井圏から下落したところで、もうひとつの戦略が立てられます。

　その後、**チャート③**では株価は 60 カ月線まで下げましたが、上

アサヒグループHD の月足チャート②

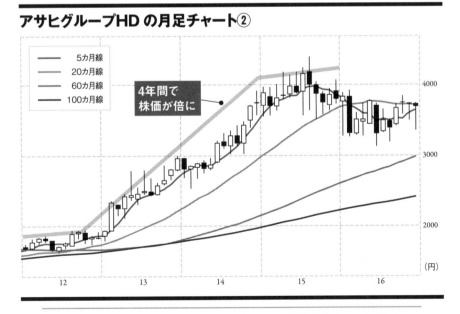

5カ月線
20カ月線
60カ月線
100カ月線

4年間で
株価が倍に

4000
3000
2000

（円）

12　　　13　　　14　　　15　　　16

＊上ヒゲ　長い上ヒゲは「大きく上昇したものの、反発して大きく下げた」状態。せっかく大きく上昇しても、その勢いを保てずに下落してしまったと読み取れます。

昇に転じました。しかし、20 カ月線は横ばいですし、5000 円、5500 円の節目もあります。節目を超えたとしても前の高値の 6000 円に達したら、また下落するのではないかと予測し、6000 円まで売り上がろうという戦略です。

■■■ 売り上がりに失敗したら買いで取る

　売り上がりに失敗した場合の対処法も説明しておきましょう。

　前ページの**チャート②**の 12 年から 16 年を見てください。12 年から 15 年まで上昇して株価は 2000 円から 4000 円になりました。4 年間で倍になっています。

　天井をつけ、3000 円近くまで下がり、上がり始めました（**チャート③**）。すると、この上昇は前の高値であり、**節目でもある 4000 円で下がるのではないか**と予測できます。そこで 16 年に売

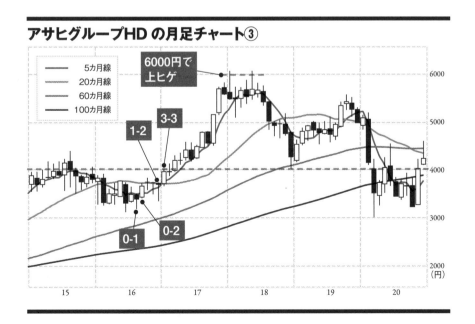

アサヒグループHD の月足チャート③

り上がりを仕掛けました。

　さて、前ページの**チャート③**を見てください。最初に買いを入れます。**0－1**、さらに**0－2**です。

　そして4000円に近づいたら売りを入れます。**1－2**。4000円の節目あたりでは、先ほど解説した日本郵船の売り上がりのように売りと買いの建玉を同数にします。**3－3**。

　同数にしたので、予測通りに4000円で下落せず、上昇しても損の利益は買いでカバーできます。

　これは月足ですが、日足で毎日、確認していれば4000円の高値を抜けて、上昇しそうな動きが確認できると思います。

　すると予測は間違いで、売り上がりは失敗したといえます。こう判断したら、売りを切りましょう。そして攻め方を「買い」に変えれば利益が取れる可能性があります。

　売り上がりは少し難しいと思いますが、ヘッジをうまく使い、建玉の操作をしていけば、マイナスを回避できます。

　そして、成功すれば大幅プラス、ここで説明したように予測が間違っても、買いに変えて取っていけばプラスに持って行くことができます。

07

積水ハウス

ヘッジを自在に操作して
売りの建玉を守る

■■■■長期の上昇、2000円の節目で下落を予測

次に「守りの建玉」を解説します。

チャート①は、**積水ハウス**（銘柄コード 1928）の日足です。

6月まで約3カ月間上昇し、2000円の節目で陰線が出ました。3カ月も上がっていたし、これは下落すると予測できるので売りを入れます。**1−0**。

陽線、陰線が交互に出て、前の高値2000円に並び、下落しました。そこで2000円が天井と考えられます。そうなると前の高値とW天

積水ハウスの日足チャート①

153

井が完成します。移動平均線はPPPですが、**W天井は売りで入れるサイン**です。**チャート②**を見てください。

W天井の完成を予測して、売りを追加します。建玉は**2−0**です。

その後、ついに陰線が5日線の下に入り、20日線に接触。下落の可能性が濃厚になりました。売り増しします。**3−0**。

翌日、陽線が出ましたが、これはがまん。その翌日、陰線になったのでさらに追加しました。建玉は**5−0**です。

ところが翌々日、陽線（★）で5日線を抜けてしまいました。

さあ、ここからどうすればいいでしょう？

■■■■ 狙いが売りのとき、ヘッジの買いは少なめに

移動平均線はPPPです。そしてこの陽線は下半身です。このまま上昇してしまう可能性があります。このようなときにはヘッジを

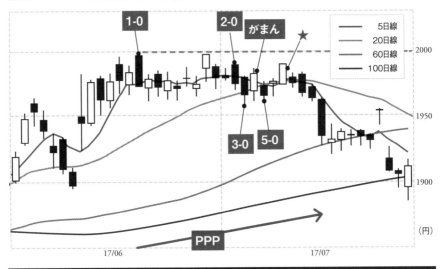

積水ハウスの日足チャート②

入れたほうがいいでしょう。

　では、ヘッジをいくつ入れるか？　**チャート③**を見てください。

　もっとも安全なのは、ここまで説明してきたように売りと同量の買い 5 を入れるヘッジです。

　これなら、今後、上昇して、5 日線の W 天井を株価が完全に抜けたら、売りを切って、買いだけにすれば建玉は **0－5** になり、買いの利益が出ていきます。

　一読して、この策は良策に思えるかもしれません。

　しかし、**5－5** にすると、予測通り下落したときには売り 5 はプラスになりますが、買い 5 はマイナスです。もし、1950 円ぐらいまで下がったら、買いのマイナスもふくらみ、空売りの利益が増えません。そこで、いきなり売りと買いを同量にはしないほうがいいのです。

積水ハウスの日足チャート③

私なら、**5－2**にします。この陽線ではまだ上昇を確信できないので買いは2なのです。

　ところで、この買い玉2は株価上昇による売りの損を回避するための「守りの建玉」、売り玉5は利益を狙う本玉です。

■■■■ もしも本玉を「買い」に変えるとしたら

　さらに、本玉を「買い」に変える際のシミュレーションもしてみましょう。

　翌日、陽線が出て2000円に近づいたとしたら……上昇する可能性が高いと考え、売りをひとつはずし、買いを追加して**4－3**にします。その後、2000円を抜けたら、売りを切って**0－5**。ここからは売り狙いではなく、上昇を取る狙いに変えるというのが、ここで立てられる作戦です。

　さて、実際のチャートはどうなったでしょうか？　守りの建玉である買い2を入れた（**5－2**にした）翌日は陰線、そして次の日、5日線と陰線が20日線を割りました。かなりの確率で下落トレンドに転換すると思われます。そこで買いを切って**5－0**にします。

　さらに翌日、売り増しをして**6－0**にします。下落が確認でき本玉を守る必要がなくなったので、守りの建玉として入れた「買い玉2」はゼロにするのです。

　ここまで、本玉を守るための建玉の操作をシミュレーションしてみました。

　実際のトレードでは、もちろん先のローソク足は見えません。そこでみなさんは、紙面のローソク足を紙などで隠して、「このローソク足は4－3」「次は0－5」……などと、先が見えない状態で自分なりのシミュレーションをしてみてはいかがでしょうか。

08

旭化成

どこでどれだけのヘッジを
入れるかを判断する

■■■■買い狙いで下落の不安があれば守りの建玉を

チャート①は、**旭化成**（銘柄コード 3407）の日足チャートです。

逆 PPP で下落して、底をつけ、5 日線が 20 日線の上で上下しながら、5 日線、20 日線がともに 60 日線の上に出てきました。そして、やっと 100 日線の上にも出ました。

この局面で、建玉の操作をしてみましょう。

5 日線が 20 日線に接近しますが、陽線が出て、上がる可能性があります。★から買いで攻めていきます。

旭化成の日足チャート①

逆PPP

5日線
20日線
60日線
100日線

700

5日線と20日線が
100日線の上に

600

500

(円)

08/03   08/04   08/05   08/06

チャート②を見てください。翌日、陽線が出ました。5日線、20日線は100日線の上にあります。

　ただ、心配なのは100日線が下を向いていることです。しかし、5日線が上向きなので、上昇が予測でき、買いを2入れてみます。**0−2**。

　翌日は陽線で上がったものの、次は陰線で下がってしまいました。とはいえ、まだ上がる可能性も捨てきれません。そこで、上昇を本玉ととらえつつ、下落に備えて売りヘッジを入れます。**1−2**。

　ヘッジの売りをいくつ入れるかですが、もし、トレーダーが「ここは絶対、上昇する」と判断していたら、ヘッジを入れる必要はありません。

　また、3日間も上昇して、まだ100日線の上に株価があるから、上がる可能性が高いと判断したら、売りのヘッジは1でもいいでし

旭化成の日足チャート②

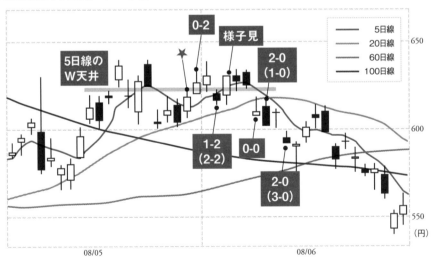

ょう。

　しかし、次のようにも考察できます。

「5 日線は 100 日線の上に初めて出て上昇しているし、100 日
線が下を向いている。だから、一度、大きく下がる可能性がある。
もし、上昇の勢いが強ければ、もっと一気に上げるのでは？　ここ
は安全を考えて同量のヘッジを入れて買い玉を守ろう！」

　すると建玉は**2－2**になります。

　どちらが本玉かを確認しておくと、上昇を狙っているのですか
ら、買い2が本玉です。売り2はヘッジで守りの建玉です。

　この局面ではヘッジを入れないより、ヘッジの売りを1か2入れ
て、建玉を**1－2**か、**2－2**にするほうが安全です。

　ヘッジを入れたあとは上がってきました。この先は上昇トレンド
の確率が高いと判断できたら買いを増やすか、ヘッジを切ります。
しかし、ここではまだ前の高値の手前です。これを抜けるまでは上
昇の可能性が高いとはまだ言い切れません。ですから、ここは**1－**
2か、**2－2**のまま様子を見ます。

■■■■ 買い狙いからヘッジをはずし、売り狙いに変更

　3日間上がって、1日下がって陰線、その次は1日しか上がらず、
陰線が並んで下がっています。すると前の高値を超えられず、**5 日**
線のW天井になって下がってしまいそうです。

　案の定、5日線の下に上ヒゲの陽線が出ました。これを見て上昇
の勢いは弱いと判断して、売りを残し、買いを切っていいでしょう。

　ヘッジを入れて**2－2**にしてあれば損は出ません。そこで買いも
売りも、両方決済して、建玉を**0－0**にして今後の動きを静観し
てもいいでしょう。

買いをはずした翌日、陰線が出て、5日線も下がりました。ここからは売りで取って行く作戦に変更です。売り増して**2－0**か、新たに売りを入れ**1－0**にします。

さらに売りを追加して（**2－0**か**3－0**）、底まで持っていきます。

■■■■■建玉の操作のまとめ

以上が建玉の操作です。ここでまとめておきます。

建玉の操作は、買い玉や売り玉を減らしたり、追加したりして、玉を動かす技術です。

そして建玉には、攻めの玉と守りの玉があり、攻めか守りかはトレーダーの狙いによって変わってきます。

狙いが買いなら、買い増しの玉は攻めの玉です。上昇すると判断できる局面で一時的な下げに入れる売り玉は、買いを守る玉です。

私は自身の長年の経験から、建玉の操作では「今、自分は何のためにこの玉を入れるのか？」、これを認識することが重要だと思っています。

例えば、買って攻めている局面で下落してしまったとき。ヘッジを入れる前に、買った根拠は何だったのか、その根拠が正しかったかどうかを考えます。そして、本玉を守るために本当にヘッジが必要かを今一度考え、判断します。正しければヘッジを入れ、間違っていることに気づいたら、入れません。そうすると、ヘッジを入れるべきではない局面で入れてしまうといった失敗が少なくなります。

また、買いか売りか、どちらで攻めているのか、本玉は売り玉か、買い玉かを常に意識していれば、買い増しや売り増しのチャンスをいち早く察知して玉を増やしていけます。

ですから、自分が入れている玉の意味をよく認識して、建玉の操作をすることが大事だと思います。

09

特別バージョン

建玉を自在に操作して
利益を取る「つなぎ売買」

■■■■節目からの下落を狙って、売り上がっていく

　建玉の操作には、数々の複雑なバージョンがあります。その操作は徐々にヘッジを増やしていったり、売り買い両建てにしてヘッジを入れたりするなどさまざまです。

　ここでは、複雑な建玉の操作の一例として「つなぎ売買」を紹介しておきましょう。

　以下の図①を見てください。節目に近づいた局面で売り上がりを仕掛けたとします。売り1を入れます（**1−0**）。上がったところ

「つなぎ売買」の図①

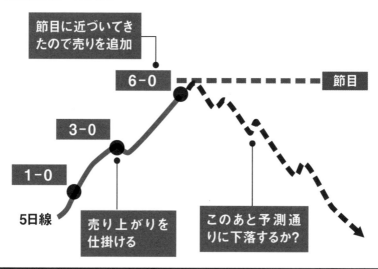

節目に近づいてきたので売りを追加

6−0 　　　　　　　節目

3−0

1−0

5日線

売り上がりを仕掛ける

このあと予測通りに下落するか？

で売り2を入れます。すると建玉は**3－0**です。

　節目にさらに近づいてきたので、売りを3、追加。売りは最初が1、次に2、そして3ですから、合計6の売り玉です。建玉は**6－0**です。

　さて、この時点では下で入れた売り玉3はマイナスになっています。しかし、今入れた3はプラマイゼロです。

　そして節目に達しました。すると横ばいになり、下落か上昇か、株価の動きが不安定になりました。

　横ばいからは、一度下がって、また上がり天井を抜けるパターン1。あるいは、一度下がり、再度、上昇したものの前の高値に届かず下がっていくパターン2があります。

　そこで図②のパターン1のように上昇していっても損を大きくしないために、売りと同量の買い6を入れて**6－6**にしておきます。

「つなぎ売買」の図②

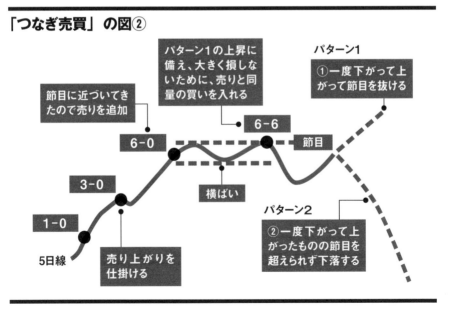

節目に近づいてきたので売りを追加

パターン1の上昇に備え、大きく損しないために、売りと同量の買いを入れる

6-0

6-6

節目

3-0

横ばい

パターン1
①一度下がって上がって節目を抜ける

パターン2
②一度下がって上がったものの節目を超えられず下落する

1-0

5日線

売り上がりを仕掛ける

この後、もしこのまま上昇していったら、徐々に売りをはずし、最後は買いで利益を取っていく作戦です。

■■■■ 下落が確実になるまでは買い玉をはずさない

結果、株価はパターン2のように、下落していきました（**図③**）。

W天井になり、下げる確率が高まっています。ここで下落を確認しても、いきなり買いをはずし、**6−0**にはしません。まだ、**どこかで上昇して高値を抜く可能性が残っている**からです。

そこで買いを1切って、**6−5**にします。買いを5にしたら、少し上がってきました。このまま上昇する危険性もあるので、もう一度**6−6**にします。

上がったところで陰線が出たら、前の高値まで届かず下がるかもしれないという予測ができます。そこで買いを2はずし、**6−4**

「つなぎ売買」の図③

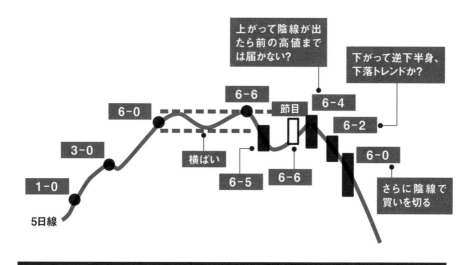

にしてみます。

　下落が始まり、逆下半身が出たら、ほぼ下落トレンドと判断でき**6－2**にします。確実に下落するとはまだ確信が持てないので買いを少し残しておくのです。

　その後、もう1本ダメ押しの逆下半身が出たときには買いをすべて切って**6－0**にします。

■■■■江戸時代から行われてきた「つなぎ売買」

　以上は、天井で建玉を6－6にして、買いを徐々にはずしていく建玉の操作です。ヘッジの玉を徐々にはずして、つないでいくことから、「つなぎ売買」といい、江戸時代から行われてきた手法です。

　建玉の操作はつなぎ売りのように奥が深く、数多くのバリエーションがあります。そして、トレードでは建玉の操作を必要とする局面がいくつも出現します。

　バリエーションを多く知っていれば知っているほど、どのような場面に直面しても、あわてず落ち着いて対応できるようになります。

　建玉の操作を専門に勉強して、極めていくのは有意義なことだと思います。

第 6 章

技術を磨けば
「デイトレ」で
毎日稼げる!

01

即断即決が求められ、
実は難しいデイトレ

■■■■売買の検討を分単位で行うデイトレ

　ここからは相場式のデイトレード（以下、略してデイトレ）の技術について解説していきます。

　最初にデイトレについての基本的な考え方をお話ししましょう。

　といっても、ここまで説明をしたスイングトレードと同じようにデイトレでもローソク足、移動平均線を使って株価の動きを予測して売買するだけです。

　「なんだ、簡単だ」と思ったら、それはとんでもない間違いです。スイングトレードとデイトレでは、売買を判断するのに費やせる時間が大きく違います。即断即決がデイトレでは要求されます。これは口でいうほど簡単ではありません。

　スイングトレードでは日足チャートあるいは週足チャートで株価の動きを見て、相場式サインに照らし合わせ、トレンドを判断し、売買をします。

　日足なら15時に市場が引けて完成したチャートを見てから、翌日の相場が開くまでの間に、売買を検討できます。週足なら、金曜日に完成したチャートを見て、金曜の夜から日曜にかけてじっくり検討して、月曜日の朝9時までに売買を発注すればいいのです。

　ところが、デイトレで使用するのは分足です。私は15分足を利用していますが、1本のローソク足は15分で完成します。15分足が完成した直後にすぐに判断しなければなりません。あるいは15分足が完成しつつある中で次の行動の判断をしなくてはなりません。

　日足で一晩、週足なら3日近くかけて検討できるのにたった15分間しかないのです。1分足を使う人もいますが、そうなると1分間で売買を発注することになります。それはプロでもかなりの熟練が必要です。

　これが大きな違いですし、デイトレの難しさでもあります。

　デイトレの長所はうまくいってもいかなくても、1日でトレードが終わるところです。マーケットが終了すれば基本的には持ち株はゼロになっているので、明日の相場がどうなるか、心配する必要がないのです。そして、その日、うまくいかなくても、翌日は気持ちを切り替え、頭をクリアにしてトレードすれば前日の損失を取り戻すこともできます。

■■■■ デイトレの前にスイングトレードができているか

　デイトレに興味のある人は多いと思います。その理由は、すぐにお金になるからでしょう。しかし、**すぐにお金になるのは、トレードの技術がきちんと身についているから**です。技術があってトレードに成功して初めてお金になるのです。毎日1万円、2万円を儲けたいからといって、トレーニングも、実戦経験もない人がデイトレに手を出せば、儲けるどころか損を出すのは明らかです。

　それは子どもの頃、空手をほんの少し習った人が、格闘家にケンカを仕掛けるのと同じです。さらに言えば、クルマの免許を取りたてでカーレースに出るようなものです。

　どちらも、結果はボロボロにやられてしまうのがオチでしょう。

　相場式をしっかりマスターして、日足や週足でのスイングトレードがある程度できるようになってからでないと、成果を上げるのは難しいと思います。デイトレは簡単に儲かるトレードではない、本当はハードルが高いトレードだと、肝に銘じておいてください。

とはいえ、「デイトレはダメ」とは言っているわけではありません。

これから、基本を学び、勉強をすればできるようになります。勉強すればするほどうまくなります。1日1万円、2万円、もしかするとそれ以上の利益を上げられるようになるかもしれません。株塾生の中には1日10万円をコンスタントに得ている人もいますし、毎日ではありませんが、1日1000万円の利益を上げている人もいます。あなたの勉強する姿勢次第です。

■■■■トレードするのは出来高の多い銘柄で

毎日、デイトレでひっきりなしに売買を繰り返し、儲かっているようだが、実は損も大きいというセミプロのような人たちがいます。彼らがデイトレの銘柄としてよく選ぶのが、乱高下の激しい銘柄です。値動きが大きいほうが儲かると考えているからでしょう。

そのトレードは、乱高下でときには勝って、ときには負けて……を繰り返しているように見えます。

それはまさに博打のようなトレードと言えるかもしれません。そのようなトレードを繰り返しても、大きな資産にはなりません。

資産を築こうと思ってデイトレをするなら、東証一部上場銘柄のような出来高の多い銘柄をトレードしてください。そのほうが、値動きが安定して、予測しやすいからです(第2章の56ページ参照)。

動きが読めるところで入って、動きが読めるところで手じまい……を繰り返したほうが、10年、20年、30年と長い年月で安定的に利益を出していけます。

乱高下ということではマーケットの開始直後、9時から10時もできれば避けたほうがいいでしょう。のちほどチャートを見せながら解説しますが、この時間帯は株価の動きが不安定で、上下どちらにいくか判断が難しいからです。

おすすめはゆったり15分足と
出動回数が多い5分足

■■■■乱高下しやすい9〜10時は避ける

　デイトレは市場が開いている間はパソコンに張りついていなければなりません。とはいえ、一日中パソコンの前にいるというのは〝人生もったいない〟と思いませんか？

　ですから、開始直後の乱高下しやすい9時から10時は見ないで、10時からお昼までトレードするとか、デイトレは週に1、2回にして、あとはスイングトレードにするとか、パソコンに張りつかなくてもいい時間を作ってはどうでしょうか？

　使用するチャートは**5分足か、15分足をおすすめ**します。15分足なら、ローソク足は15分に1本しか完成しないので、例えば主婦の方なら、家事をしながらすき間時間にトレードできます。

　途中トイレに行ったり、コーヒーを飲んだり、ちょっと体操したりとゆったりとトレードできます。

　個人トレーダーの中には1分足という、非常に短い足を使う人もいます。1分足というのはローソク足がたった1分で完成します。すると1分以内に「これがこうなったらああしよう……」と考えて、売買をすることになります。

　つまり、瞬時に反応してエントリーして利益確定をして……というあわただしいトレードになります。それを1年間続け、さらに10年も、20年も続けるのは大変なことだと思います。

　ですから、**読者のみなさんには1分足はおすすめしません**。われわれプロから見ても早すぎます。また、即断即決が必要ですから、

熟練した技術がないと損切りすべき局面でできないこともあり、リスクも大きすぎます。

　ただ、**15分足では1日の売買回数がそれほど多くはありません。**1時間に4本ローソク足ができるわけですから、1時間の売買回数は4回です。それでも狙って取っていけば、利益は十分、期待できます。

■■■■投資資金は一気に増やさず、徐々に増やして

　15分足でも相場式の技術をしっかり身につけられれば、多くの人が1日3万円から5万円ぐらいは取れるようになると思います。

　毎日3万円なら20日間で60万円、年間720万円です。

　ところで資金ですが、たとえコンスタントに利益を上げられるようになっても、一気に投資金額を増やさないほうがいいでしょう。金額を増やすとメンタルが崩れて、冷静な判断ができなくなるケースがあるからです。本来入れるべきところで入れない、損切りすべきところで損切りできない、手じまいすべきところで手じまいできないということが起こり得るのです。

　まずは少ない金額で、何度も何度も成功体験を積み、少しずつ入れる金額、売買する株数を増やして、徐々に大きな取引に慣れていきましょう。

　例えば、半年間あるいは1年間は最小単位（100株）でデイトレをして、ある程度の勝率が安定的に上がるようになったら、金額を増やす。そして増やした金額でも勝率が保てたら、さらに金額を増やす……というように段階的に金額を増やしていくことをおすすめします。

　もし、1日の利益が1万円という結果を1年間続けられたなら、翌年は1回に投入する資金を増やすのです。こうして毎年、投入す

る資金を増やしていけば 1 日 10 万円の利益、20 日間で 200 万円、なんと年間 2400 万円も夢ではなくなります。

　では、次からさっそくチャートを使用して、デイトレをシミュレーションしていきましょう。

　できればゆっくり考えてトレードしてほしいので **15 分足ぐらいが最適**なのですが、読者のみなさんはトレードが好きで、どんどんやりたいという人が多いと思います。そこで **5 分足のトレードを設定**しました。

　5 分足なら、1 時間に 12 回ですから、かなりの出動回数があります。

サインを見逃さず、ストライクだけを狙って取る

████ 5分足、5本線、20本線、60本線を駆使する

　移動平均線は5本線、20本線、60本線を使います。みなさんが使用しているチャートをこの設定にしてください。

　チャート①は個別銘柄ではなく、**日経225**（日経平均）の2021年2月1日～2日の5分足チャートです。<mark>赤い丸がエントリー</mark>（売りか買いで入る）、<mark>黒の丸が利益確定</mark>です。

　9時に相場が開くと5分足が横ばいで10本立っています。この時間帯は横ばいの高値より上で買う人はいなかったことを示してい

日経225の5分足チャート①

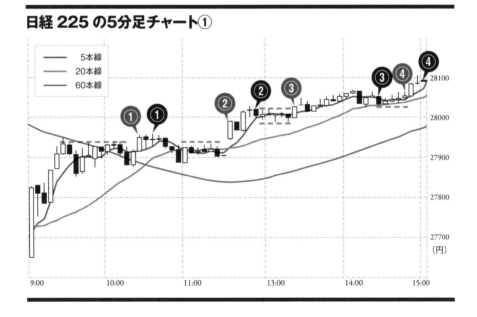

ます。高値より下でしか買う人がいない、買い手市場だったわけです。

ところが❶で示した箇所は横ばいの頭を抜けています。しかも、5本線の上で陽線ですから下半身です。 そして、この陽線は、誰も買わなかった価格よりもっと高い価格で買いたいという人が出てきたことを意味します。

高い価格でも買う人がいるというのは、株価は上昇するということです。そこで買いエントリーします。

5分足が3本連続で横並びになってしまいました。この価格より下がらないが、動かない——ということはこれより高い価格で買いたいという人があまりいない。つまり株価が上がらないし、下がるかもしれないと考えられます。ですから、撤退です（❶）。この撤退は損切りですが、ほとんどマイナスになりません。

スイングトレードでも同様ですが、動かないときは早めの撤退が大事です。

■■■■ローソク足が3本並んだら、手じまいを考える

撤退後に下がってきましたが、この下げは20本線より上で動いています。また、移動平均線の並びは上から5本線、20本線、60本線です。これは5つの基本で解説したPPPです。ローソク足も60本線の上にありますから、基本的には買いで攻めていく局面です。

そこで下がっても売りは入れません。

横ばいを抜けました。抜けたところのチャートに注視してください。横ばいで20本線の下にあった5本線が20本線の上に抜ける手前です。この陽線で20本線と5本線の逆転が発生すると予測でき、ここで買いをエントリーします。実際に逆転しました。

また、買いを入れたところ（❷）は、この日が始まって以来誰も取引をしたことがない価格帯です。買い勢力が強いと判断できるでしょう。

　移動平均線の位置は再び、下から60本線、20本線、5本線のPPPで強い上昇トレンドを示していますから、次の陰線が出てもがまん、陽線もがまんして、並んだところ（❷）で手じまいにします。

　またしばらくは値が動かないので何もしません。そして、横ばいを抜けたので買ってみます（❸）。

　移動平均線はPPPを維持しているので陰線が出て、つらくてもがまんです。そしてまた、横ばいで手じまいします（❸）。

　原則としてローソク足が3本、つまり15分間横ばいになったら手じまいするといいでしょう。　上下どちらに行くか、横ばいでは予測しにくいからです。

　その後、並んだところを抜けてきたので買ってみますが（❹）、デイトレですし、翌日まで持たずに切ります（❹）。

■■■■■開始直後よりも狙って取れるところでトレードする

　そして翌日2月2日です（**チャート②**）。

　朝、市場が開始した直後の時間帯は株価がよく動くからデイトレに向いているという人が少なからずいます。

　しかし、どうでしょう？　よく動くというのは上下のどちらに動くかわからない、乱高下しているということです。

　ちょうどマラソンを思い出してください。用意ドンでスタートしたときは選手がひとかたまりになって走っています。誰が優勝する

かわかりません。

　しばらく走ると、有力選手は前のほうに出てきます。たいていの場合、レースの結果が見えてくるのは落ち着いてからになります。

　同じように株価の動きも開始直後より、少し落ち着いてからのほうが予測しやすくなるのが普通です。動くから取れるという人は予測して取っているのではないと思います。全部まぐれかラッキーの連続ではないでしょうか。

　そこで私は、開始直後は売買しませんし、みなさんにもおすすめしません。ちゃんと狙って、流れが読めて、取れるところで売買したほうが、長い目でみれば成功率も上がり、うまくなります。

■■■■■PPPでもW天井は〝売り〟のワザを使う

　2月2日ですが、開始直後の乱高下から横並びになり、抜けたと

日経 225 の5分足チャート②

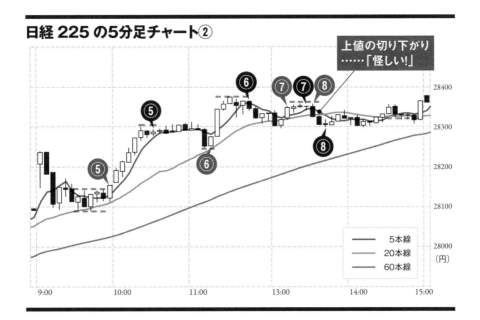

ころで入り（❺）、ローソク足が3本並んだところで終わり（❺）にします。前日のチャートで説明したように、**動かないところでは撤退**しましょう。

横ばいから、陰線で下げました。ここで売るかどうかです。

移動平均線の並び方を見ると60本線、20本線、5本線のPPPです。PPPはゴキブリなので、ここから上がることも予測できます。あえて売りません。そして、戻したところで買います（❻）。上昇して、3本ぐらい並んだところで手じまいです（❻）。

手じまい後の下落ですが、あとから見れば下がっていますが、トレードをしている時点では移動平均線の並びから、2本下げて上がる可能性もあると考えられます。そこで、ここの下げは何もせず、5本線に対し陽線の下半身になったところで買いを入れます（❼）。

ところが、上がっても前の高値を抜けずに3本並んでしまったので撤退（❼）です。

さて、ここで**横ばいになった高値を見て「ちょっと怪しい」**と思えるようになりましょう。

何が「怪しい」のか、わかりますか？

今までは上値が切り上がり、下値も切り上がっています。ところが、この局面では**上値が切り下がっています。これが怪しい**のです。

上昇から下落へと転換しそうです。そこで売りを入れてみます。そして、並んだところで手じまいです。

高値の切り下がりについて、解説を加えておきましょう。

今まで〝PPPはゴキブリ〟だから、売りを入れないほうが安全だと話してきました。ところが、この局面では5本線のW天井になっています。

さあ、思い出してください。

PPPで唯一、売りを入れていいのは、高値切り下がり、W天井

でした。ですから、売り（**❽**）でエントリーできるのです。

その後は、ローソク足が3本横並びになったところ（**❽**）で手じまいです。

■■■■ チャンスが来ないところではあえて〝何もしない〟

ここまでの解説では5分足を使ったトレードで初日が4回、2日目も4回ほどでした。8割ほどの勝率としたら、かなりの利益が上がると思います。

ここで注意したいのは、**デイトレといってもひっきりなしに売買を繰り返しているのではない**ことです。

例えば2日目ですが、手じまい後の横ばいでは動きが予測しにくいので何もしませんでした。このときのローソク足を数えると8本並んでいます。1本が5分ですから、「5分×8本＝40分」で40分間何もしないことになります。

5分足が次々にできていくモニターを見ているだけ。そうすると、トレードが大好きなみなさんは、きっと退屈になって売買したくなってしまうでしょう。それはダメです。**退屈だろうが何だろうが、何もしない。何かやろうなどと考えてはダメ**なのです。

私だって、チャンスがないと思えば一日中何もしないことがあります。とにかくチャンスが来たときだけ売買してください。そうしないと負けてしまいます。

とはいえ、3日も4日も、チャンスが来ないなどということはまずないと思います。

基本的には、毎日チャンスはあると思ってください。デイトレでもストライクが狙えるチャンスが来るまでは、じっとがまんが必要です。

04

武田薬品

横ばいから抜けたところは
重要な売買ポイント

■■■■移動平均線が不安定なところでは売買しない

　続いて、**武田薬品**（銘柄コード4502）で、2021年2月1～2日
の5分足チャートです（**チャート①**）。

　マーケットが始まったところは動きが不安定なので何もしませ
ん。開始直後を見ると天井をつけて、下がってまた天井です。また
下がりますが、頭が伸びなくなって横ばいになりました。横ばいか
ら、下値を割った陰線で売りを入れます（❶）。

　この売りですが、下落してコマが出たところで手じまいにしまし

武田薬品の5分足チャート①

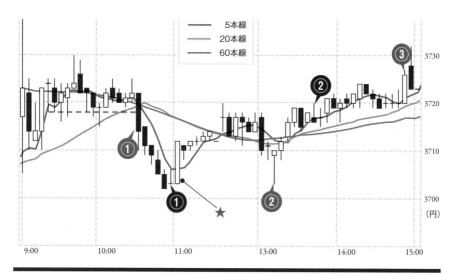

凡例：5本線／20本線／60本線

3730／3720／3710／3700（円）

9:00　10:00　11:00　13:00　14:00　15:00

ょう（❶）。

★の陽線は買いません。みなさん、その理由を考えてください。

移動平均線の位置はローソク足の上に 20 本線と 60 本線です。ですから、弱いと考えられます。そこでこの上げはいつ下がるかわからないので何もしないのです。

ここからは、ずっと見ているだけです。すると、また並びました。横ばいから下がりましたが、前の安値に並んで、長い下ヒゲが出ています。**下ヒゲが意味するのはたくさん売られたが、買い戻された**ということです。ですから、ここからは上がると予測できます。そこで買いエントリーします（❷）。上がってきて、陽線が 3、4 本並んだので手じまいです（❷）。

手じまい後の移動平均線は 60 本線、20 本線、5 本線の PPP ですが、株価の動きが横ばいに近く不安定です。ここは危険を冒さないほうがいいでしょう。

陽線で高値を抜け、さらに 5 本線と 20 本線のものわかれになったので買いましょう（❸）。

エントリーしたのは引けに近い時間帯です。引けで切ることができず、買いを持ち越し、翌日（次ページの**チャート②**）の開始直後に手じまいました（❸）。

■■■■ 横ばいで下値を確認してから、買いを入れる

手じまいしたあと、売ってもいいのですが、やはり開始直後の 1 時間は乱高下することがあるので、何もしないほうがいいでしょう。**あとから見れば、売っておけばよかったとなりますが、実際に株価が動いているときにはどこまで下がるかはわかりません。**不安定な動きで予測しにくいところではあえて何もせず、上か下か、ある程度、動きが予測できるところで入ります。

下落が落ち着き、横並びになりました。これを陽線で抜けたので買っていきます（❹）。

　読者の中には、前日の下落局面から陽線が出たところでは買わなかったのに、なぜ、今回は買えるのか、疑問に思った人がいるかもしれません。

　前日の局面では、下落から急に上昇に転じています。このようなケースでは、反対に上昇から急に下落することもあるからです。

　ところが今回はローソク足6本の横ばい、つまり==30分間も同じ価格帯が続いたので下値が安定した==と考えられます。そして==上に抜けたのですから、下げ止まりと予測できる==ので買いを入れたのです。

　上昇して横ばいになったところで手じまいです（❹）。

武田薬品の5分足チャート②

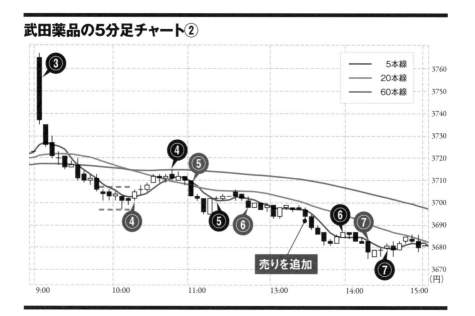

■■■■■横並びから抜けたところで売買を入れる

　移動平均線は上から 60 本、20 本、5 本の下落を示す逆 PPP です。上から陰線で割ったところ、**逆下半身の出現で売り**を入れます（❺）。

　この考え方は、相場式のスイングトレードと同じです。

　そして、この売りはその後（3 営業日後）、陽線が出ましたががまん。しかし、5 本線の上にローソク足が乗ったので切ります（❺）。

　次に売りを入れたところは、移動平均線が逆 PPP で、陰線が 5 本線の下に抜けた局面です（❻）。その後の横ばいからガクンと下落したところで売りを追加してもいいでしょう。

　陽線が 2 本出たので決済します（❻）。この前に陽線が 2 本出たところで切らなかったのは、❹では 5 本線が 20 本線を超えることができたのに、❻では 5 本線が 20 本線を超えられず下落していることから、弱い逆 PPP と判断したためです。また、売りの追加のあとにローソク足が横並びになっていますが、切らなかったのも同じ理由です。

　すると、逆 PPP でローソク足が横並びになり、下に抜けた（逆下半身）ので売りを入れます（❼）。これも、横ばいになったので手じまいです（❼）。

　先ほどの日経 225 のシミュレーションでもそうでしたが、デイトレでは**ローソク足が横並びになったところを上に抜けたり下に抜けたりした局面が、重要なエントリー**あるいは**利益確定のポイント**になります。

PPP、N大、節目を
意識してトレードする

■■■ PPPのW天井で売り、下ヒゲ陰線で手じまい

　シミュレーションの3つ目は、**ソフトバンクグループ**（銘柄コード 9984）　2021年2月9日〜10日の5分足チャートです。

　ここも9時から10時は動きが予測しにくいので何もしません。

　開始直後が天井でした。そこから下落して再び上昇しましたが、前の高値に届きません。そこでW天井になってしまったのです。

　移動平均線は5本線、20本線、60本線のPPPです。**PPPで売っていいのは、5本線のW天井**です。売りを仕掛ける局面になった

ソフトバンクGの5分足チャート①

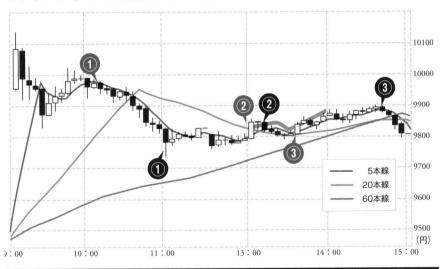

ということです。陰線は出ましたが、まだ下落するか、確証が持てません。**陽線が出たあとに陰線が出れば下落の確率が高く**なります。そこで陽線後の陰線で売りを入れます（❶）。

この売りは、できれば5本線の上にローソク足が出るまでか、あるいは横ばいになるまで手じまいをしないで持っていたいのですが、その前に長い下ヒゲが出てしまいました。**下ヒゲは下がったものの買い戻されて上昇**したことを示していますから、ここで決済です（❶）。

この売りで200円は取れます。100株なら1万円、1000株なら10万円の利益です。

■■■■■N大、節目で売買、熟練すればカンが働く

売りを手じまいしたあとは、横ばいで動きがわかりません。移動平均線は下に60本線、上に20本線です。株価が上か下か予測しにくいので攻められません。

そして陽線で横並びを抜けたので買ったのですが（❷）、ローソク足が3本横並びになってしまったので切ります（❷）。

下落が始まり、5本線が20本線を割らずに陽線で5本線を抜けました。これは**N大**の形です。そこで買いを入れます（❸）。

移動平均線はPPPです。陰線が出てもがまんして、9900円という節目のあたりで、3本横ばいになったので手じまいします（❸）。「なぜ、それより前の陰線で手じまいしなかったの？」と疑問に思う読者がいるかもしれません。

その前の陰線は、5本線を割っていません。次の陰線は5本線を割りましたが、売り買いが拮抗してできるコマです。ですから、これも手じまいしなくてもいいだろうという判断です。

このように解説はできますが、**熟練してくると「ここはがまんし**

てもいいな」というカンのようなものが働くようになります。

手じまい後は陰線が出ましたが、引け際なのであえて何もしません。

■■■PPPで横ばい、予測が難しい局面は静観する

次の日（**チャート②**）ですが、5本並んで抜けたので買いを入れてみました（❹）。ただ、開始から1時間は不安定なので何もしないというのなら、ここは見ているだけでもいいでしょう。デイトレ初心者なら、そのほうがいいかもしれません。

そして上昇して横並びになったので手じまいです（❹）。

手じまい後は様子を見ます。下がってきましたが5本線が60本線を割らず、そして陽線が上に抜けてきたので買いでエントリーします（❺）。ここからはPPPですから、上昇を見ているだけです。

ソフトバンクGの5分足チャート②

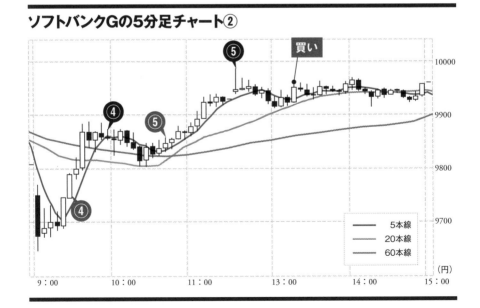

1万円の節目で上ヒゲが出たので決済します（**❺**）。

その後、少し下がりましたが、**PPP ですから売りは危険**です。横ばいになったので、ずっと何もしないで終わりました。

後場（午後の取引）の 13 時以降に下半身が出現したので買いを入れてみます。ところが 2 本の陰線が続き弱ってしまいました。よく見ると 5 本線と 20 本線がかなり接近しています。この場合、株価な一進一退を続けることが多いので、その後は何もしません。

ここでも同様に、**動きを読むのが難しい局面が続いたら、あえて何もしないことは大事**です。

06

デイトレを始める前に

資金を投入しない
シミュレーションからスタート

■■■■ 新しいローソク足が次々に立つ実戦場面

　ここまでデイトレのシミュレーションをしてきました。いかがでしたか？

　週に何日か、5分足か、15分足を使って挑戦してみるのも、ドキドキしておもしろいかなと思います。

　とはいえ、本当に入れるべきところで入れ、切るべきところで切る——これができないと負けてしまいます。それには早い判断が必要になります。

　シミュレーションでは出来上がったローソク足を見て判断できますが、デイトレをしている場中は常に値動きがあり、新しいローソク足が次々に立っていきます。

　前のローソク足ができると5分足なら5分間、15分足なら15分間、ローソク足はその上をいったり、下にいったりして動きながら、5分後あるいは15分後に陽線や陰線の形が出来上がっていきます。

　そして、例えば陽線の形が固まって、前の陽線より上に出たときには「上に抜けたのだから買いだ！」と判断しなくてはなりません。それも5分や15分の間に即断即決できる力が必要です。

　そうなるとやはり、**通常のスイングトレードができないのに、デイトレに挑むのは厳しい**と言わざるを得ません。

■■■■いきなり実戦ではお金が目減りする可能性大

　相場式をこれから学ぼうとしている人や勉強中の人は、**いきなり資金を投入して、デイトレを始めない**ほうがいいでしょう。

　トランプやゲームなら、勝負しながら覚えていっても損はしませんが、**デイトレでは、勉強のつもりで売買するとお金がどんどん減っていきます。** すると損切りしにくくなったり、資金投入すべきところで心配になってできなくなったりもします。

　まずはお金のかからない状態で、**シミュレーションのデイトレ**をしてみましょう。

　過去のチャートを見ながら「ここは入れるところ」「ここは手じまいするところ」と、たくさん練習して、「ああなったらこうなる」という予測を立てられるようになってから、実際に挑戦してください。

　そして、できれば最初は5分足ではなく、15分足あるいは30分足などで、ゆっくりトレードしてみましょう。そこで入るところ、手じまいするところがわかるようになってから、5分足に挑戦してみることをおすすめします。

第 7 章

チャートが読めれば「米国株」でも稼げる!

01

特徴をとらえてトレードすれば
大きな資産が築ける

■■■■■ダウ平均が3万ドルを超え話題に

　米国株とは、アメリカ合衆国のニューヨーク証券取引所やナスダックなどで取引されている株式のことです。その代表的な株価指数が「ダウ平均」で、これはコカコーラやマクドナルド、アップルをはじめとする大手優良企業30社の株価平均です。その算出は1896年から始まったという長い歴史を誇ります。

　それが、2020年11月24日、史上初の3万ドルを超え、大きな話題となりました。

　米国株は1株単位で買え、例えばコカコーラは1株50ドル前後（2021年2月）、日本円にして5000円前後で取引できるなど少額で世界的な株が売買できることもあり、ここ数年、日本では米国株投資への関心が高まっています。

　取引は為替手数料などが必要ですが、日本の証券会社で可能です。

■■■■■米国株の魅力的な2つの特徴

　この米国株の魅力は、少額で投資ができるだけではありません。

　日本株でも10万円以下で投資できる株式はいくつもあります。日本株のほうがなじみはあるし、事業内容もわかっているので投資しやすいと思っている人は多いはずです。

　「わざわざ米国株をやる意義などないのでは？」という声も聞こえてきそうです。

　ところが米国株の特徴を知ると、資産を大きく増やせる原動力になることがわかり、がぜん興味が湧いてくるはずです。

　米国株の特徴はのちに詳しく解説しますので、ここでは簡単にお伝えすると、次の2つです。

　①メジャーな銘柄でも大化けすること
　②下がっても上がる復活力が強いこと

　この2つが米国株の特徴であり、魅力でもあります。そして、この特徴を活かしたトレードをすれば、資産を大きく増やせる可能性が高いといえるのです。

　とはいえ、

「米国株のトレードなんて難しいのではないか？」

「英語ができなくても大丈夫？」

　そんなふうに心配する人がいるかもしれません。

　大丈夫です！

　今まで解説してきた相場式が十分、通用するからです。ただし、**相場式トレードの技術を米国株の特徴に合わせて使っていく**必要があります。

　では、米国株の特徴を活かして、どのような戦い方をすればいいのかを解説していきましょう。

02

アマゾン

米国株の値動きも
日本株と同じと実感できる

■■■■PPPからの逆PPPで値動きは日本株と同じ

　では最初に、相場式トレードが米国株にも通用することをアマゾン・ドット・コム（以下、略してアマゾン）のチャートで実証しましょう。

　チャート①は、アマゾン の 2018年6月から12月までの日足です。移動平均線を見ると、2000 ドルの高値をつけるまでは、下から 100 日線、60 日線、20 日線の上で 5 日線が上下を繰り返す PPP といえます。

アマゾンの日足チャート①

——	5日線
——	20日線
——	60日線
——	100日線

PPP ですから、少し下げてもまた上昇に戻っています。

2000 ドルの高値をつけてからの動きを見てください。

5 日線が 20 日線の下に来て、再び上昇して、2000 ドルに達しましたが、前の高値に並び、下落。5 日線は 20 日線、次に 60 日線、さらに 100 日線の下に入り、20 日線も 60 日線を割って、100 日線の下に入ってしまいました。その後、60 日線が 100 日線を割り、移動平均線は上から、100 日線、60 日線、20 日線、5 日線に変わり、その下にローソク足があります。**この並び方は逆 PPP** です。

チャート②は PPP から逆 PPP へと転換していく株価の流れを示しています。

上昇から天井をつけ下落していく局面を詳しく見ていくと、以下のようになります。

2000 ドルを超えられず下落したばかりは、まだ 100 日線の上に

アマゾンの日足チャート②

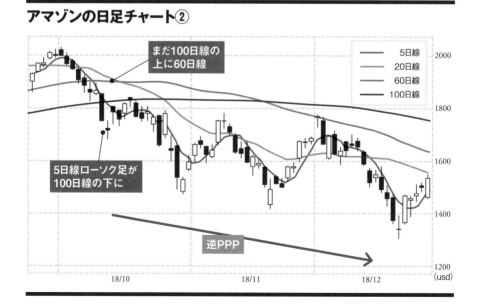

60日線があります。しかし、5日線は下がり、100日線の下になってしまいました。ここでローソク足が5日線の上に出て、少し上がりましたが、100日線に当たり、大きく下げています。

　ここから再度、上昇しますが、すでに逆PPPになりつつあるので、また下がります。

　100日線が横ばいになり、60日線と交差してしまいました。100日線が一番上にあるという下落トレンドを示す並び方です。ですから、上がっても下がっていきました。

■■■■米国株のトレードでも相場式は通用する

　PPPのW天井から下落して移動平均線の位置が変わり、逆PPPが成立していく……日本株で解説してきた動きと〝同じだ〟と思いませんか？

　このアマゾンのチャートを仮に「鹿島建設だよ」と紹介されても、「そうなんだ」と思ってしまうのではないでしょうか。

　日本株と同じように米国株にも、PPPや逆PPPがあり、日足ベースの値動きは日本株と変わらないと言ってもいいと思います。

　これはアマゾンに限らず、ほかの米国株の銘柄にも当てはまります。

　ですから、トレードの手法は通常の相場式で十分、対応できるのです。ただし、米国株ならではの特徴があります。その特徴に合わせたトレードをする必要があります。特徴については後述します。

03

バークシャー・ハサウェイ
PPPなら買いで
エントリーすれば利益が出る

■■■ あのウォーレン・バフェット率いる投資会社

　みなさん、ウォーレン・バフェットという名前は聞いたことがありますよね。彼は大成功したアメリカの投資家として知られますが、**バークシャー・ハサウェイ**という世界最大の投資会社の筆頭株主であり、現在、会長兼CEOを務めています。

　同社は世界中の銘柄に多額の投資をしていますが、2021年2月に発表した保有銘柄はアップル、バンク・オブ・アメリカ、コカコーラ、アメリカン・エキスプレスなど、名だたる企業ばかりです。

　そのバークシャー・ハサウェイの日足チャートを見てみましょう。次ページの**チャート①**は、2020年8月から2021年2月までです。

　100日線、60日線は上昇トレンドです。

　この上で20日線が上がったり下がったりして、5日線や株価も、上下動を繰り返しています。

　たとえ5日線や株価が下がっても、基本的には100日線と60日線は上向きの上昇トレンドです。ですから、2020年8月で買って、21年2月まで持っていれば、途中の上げ下げがあっても利益が出ているのです。この値動きも、日本株とほとんど変わりません。

■■■ 日本企業のチャートと言われても信じてしまう?

　このチャートを「ニチレイですよ」あるいは「三菱商事ですよ」と言っても、見た人は「なるほど、ずっと上昇だったんだ」と思うだけではないでしょうか。

さて、バークシャー・ハサウェイでは、次のようなトレードができます。20年8月はPPPですから買いでエントリーできます。いったん下がって、ものわかれで買い、そして横ばいで手じまいです。

　その後は横ばいから下落、また横ばいになったので何もしません。

　横ばいから少し上がりましたが、前の高値に届かず下落。このあたりも動きが不安定なので何もしないほうがいいでしょう。

　20年11月に、5日線が100日線に当たり上昇。PPPになったところで買いを入れられます。横ばいで手じまい。

　20年12月に、またPPPに突入しそうなところで買いを入れます。PPPなので買いは継続となります。ただし、20日線の下にローソク足が割り込んだときに「売りヘッジ」を入れます。しかし、米国株はPPPでは戻りが期待できるので、ヘッジの数は少なく、その手じまいも早めに行います。

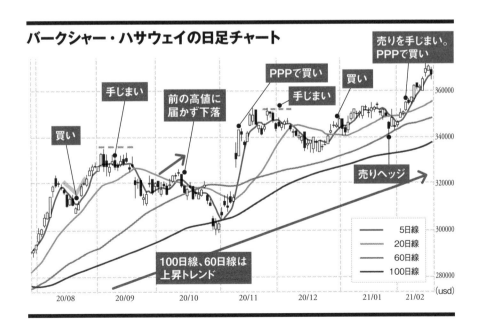

バークシャー・ハサウェイの日足チャート

96

04

米国株の特徴1

メジャーな銘柄でも
数十倍の大化け株になる

■■■■きっと米国株にトレードしたくなる2つの特徴

　ここまで米国株の2つの銘柄について解説しましたが、日足ベースでは日本株と変わらない、相場式でトレードできることがわかっていただけたかと思います。

　ここからは、米国株の2つの特徴について、お話ししていきたいと思います。株が好きで、チャレンジ精神旺盛なみなさんなら、この特徴を知れば米国株でトレードしたくてたまらなくなるに違いありません。

■■■■日本と米国の大化け株の違い

　次ページのチャートは、先に日足でも説明したアマゾンの2009年から2021年2月までの月足です。一見してどのような感想を持ちましたか？

「ずっと上昇しっぱなしだ」「2009年に買っておけば儲かったな」でしょうか？

　2009年から、途中少し下がることもありましたが、2021年まで、基本的にはずっと上昇しています。

　それも2010年には100ドルぐらいだった株価が2021年2月現在は3000ドルです。

　なんと30倍になっているのです。

　日本の大企業で、例えば東証一部に上場しているような企業で2010年から11年間で株価が30倍になった会社は〝ない〟とい

っても過言ではないと思います。

　日本株で 30 倍にもなる銘柄は、トヨタ自動車、パナソニック、ソニーのような誰もが知っているような大企業ではなく、「そんな会社あったかな？」という無名に近い会社、中・小型株がほとんどでしょう。

　その理由は、発行済株式数が少ないからです。少し話題になって、個人トレーダーや株マニアの人たち、1000 人、2000 人が集中して買っていくと株価が数倍になってしまうのです。

　しかし、そのような中・小型株は大化けする可能性もありますが、急激に上昇して、あるとき急落してしまう危険性があります。株価の動きは不安定なのです。

　ですから、安定して利益を出し、資産を築くには不向きといえます。

アマゾンの月足チャート

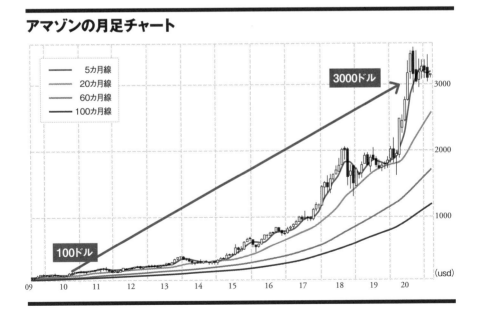

一方、東証一部に上場している大型株は発行済株式数が多く、よ
ほど大量の買いが連続して入らなければ 20 倍、30 倍にはなりませ
ん。たいていは、一定の価格帯の間を上下していて、上に抜いたり、
下に抜いたり、また一定の価格帯の間を行ったり来たりしています。

中・小型株のような急激な上昇もない代わりに急落もなく、倒産
の危険性も少なく、安心してトレードができるという利点がありま
す。

これが日本の大型株の特徴です。**日本で大化けするのは大型株で
はなく、基本的に中・小型株**と思っていいでしょう。

■■■■資金が集まる米国は大型株でも30倍に

一方、米国株はアマゾンのようなメジャーな銘柄でも大化けする
可能性があります。

それは、アメリカのマーケットには世界中の資金が集まっている
からです。

多くの米国企業は高配当など株主の利益を約束して、世界中の投
資家に「わが社に投資をすれば資産が増える」とアピールしていま
す。それに応えて、世界中の投資家が多額の資金を投入しますから、
発行済株式数が多い大型株でも上昇が続くことがあるのです。

日本の大化け株はマイナーな中・小型株なので手を出しにくい面
がありますが、**米国株はメジャーな大型株が 30 倍になることもあ
る**ので、ある程度、安心して大化け株を狙うトレードができるとい
えます。

■■■■大化け株を狙う戦い方とは？

メジャーな大型株が大化け株になりやすい、これが特徴のひとつ
です。トレードではこの特徴に合わせた戦い方をしていきます。

戦い方は追ってもっと詳しく解説しますので、ここでは簡単に説明しておきましょう。

　株価30倍などと大化けするには、長期にわたって上昇が続く必要があります。それは月足ベースでのPPPが長く続くことを意味しています。

　198ページのアマゾンの月足チャートを見てください。ずっとPPPです。

　〝PPPはゴキブリ〟——下がっても下がっても、上がるのです。 実際に2010年から半年間上昇、2014年からは4年間上昇、2020年からはずっと上昇しています。

　ですから、このようなチャートの銘柄をトレードするときには、**あまり下げは狙わずに、基本的に上昇を狙う売買**をします。下がっても少し売りを入れ、上がってきたらすぐ手じまいをして、また買いを入れるトレードになります。

05

米国株の特徴2

下げても上がり続ける!
「復活力」がある

■■■■■ 小刻みではなく、豪快な上昇を見せる米国株

　もうひとつの特徴については、次ページのダウ平均株価（以下、略してダウ）の動きを見てください。

　月足のチャートを見ると1990年は5000ドル以下だったのが、2021年にはその6倍の3万ドルになっています。

　一方、日経225（日経平均）は1990年に3万9000円ほどだったのが、下がって、上げ下げを繰り返してW底をつけて上がり、2021年2月は3万円ほどです（次ページ下）。

　30年ぶりに3万円だと言っても、過去の高値には戻っていません。そして、その30年間は小刻みに上下しています。それに比べ、ダウは豪快に上がっています。

　余談になりますが、クルマだってアメリカ車は豪快です。一方、日本は折りたたみ傘ひとつとっても、前に折ったり、裏にたたんだりと細部にこだわりがあります。

　そのような細やかな動きを日本株はしているわけです。

　ところが、米国株は豪快に上がっています。下がっても上がる、また下がっても上がる——「復活力」があるのです。

　ダウの安値を調べると、史上最安値は1896年の28ドルです。1987年10月19日のブラックマンデーと呼ばれる世界的な株価暴落では、前週から約500ドル下がり1738ドルの安値をつけました。2008年のリーマンショックでは、同年9月以降の株価の下落で、2009年3月に安値6547ドルにまで暴落しています。2020年3月

ダウの月足チャート

日経225の月足チャート

16 日には、新型コロナウイルス拡大の影響で前日比 2997 ドル安の
2 万 188 ドルにまで下落しています。

このような下落の歴史があっても、月足のチャートを見れば、リ
ーマンショックで下がっても、新型コロナウイルスで下がっても、
右肩上がりを維持し、3 万ドルを突破しているのです。

■■■■ 世界中からの投資資金が米国株の上昇を支える

下がっても上がり続ける——復活力の強さは、もうひとつの米国
株の特徴です。その理由を考えてみましょう。

アメリカは世界一の経済大国であり、コカコーラやアップルなど
アメリカを代表する企業は世界中で経営を展開しています。

また、それらの企業は株主の利益を最優先に考え、株価の上昇を
経営理念のひとつにしています。ですから、世界の投資家が米国株
に関心を示し、株価が下がっても、資金が流入し、また下がっても、
買いが入り上がる。こうして上昇し続けていくのだと考えられます。

復活力の強さは、先ほど説明した大型株でも大化けするという特
徴にもつながっています。

下がっても、世界中から資金が流入するので、上昇の力は復活し
ます。そして、さらに続伸して株価が数十倍にもなり、有名企業で
構成されているダウも上昇が続いているのでしょう。

さて、アマゾンとダウの月足を比べると両者ともに PPP が長期
にわたって続いているのがわかります。

「ダウに上場している大型株でも大化けする」「下がっても上昇す
る復活力が強い」という米国株の 2 大特徴が、長期間の PPP を実
現させているといえるでしょう。

そこで、2 つの特徴を活かした戦い方、つまりは PPP を基本と
する戦略を使うことになります。

06

米国株の戦い方

強力な PPP の特徴を
活かして「買い」で攻める

■■■■米国株のトレンドは強力なPPP

　相場式トレードでは、チャートからその銘柄の値動きの特徴を把握し、それを活かして売買をしています。これは米国株でも同じです。

　実は株式だけでなく、金、原油、大豆などの商品先物やFXにも値動きの特徴があります。それは、**ある程度トレンドが完成すると、そのトレンドがなかなか終わらないという特徴**です。

　例えば、米国株であれば、長期にわたるPPP、そのPPPが上昇トレンドを支えているという特徴があります。

　これを端的にいえば、**米国株のトレンドの特徴は〝PPPが強力〟**ということなります。

　日本株のPPPは米国株ほど長く続きませんが、それでも〝叩いても叩いても復活するゴキブリ〟でした。

　そんな日本株以上に、米国株のPPPは強力です。たとえるなら〝鉄筋コンクリート〟のように頑丈でなかなか倒れないのです。そのうえ、ゴキブリ以上に復活力が強い……。

　では、その特徴を活かして戦うには、どのような戦略を立てればいいのでしょうか？

　その答えは**「基本的に米国株は買いで攻める」**です。

　銘柄を探す際には、月足チャートを使うといいでしょう。月足がPPPなら、半年間あるいは1年間は上昇が続く傾向があるからです。

　多くの銘柄のチャートから、月足がPPPで上昇している銘柄を

探し、買いで攻めていきます。**下げている銘柄でも、その下げを観察して PPP に戻ったら買い**で入ります。

あえて売りはせず、たとえ売りを仕掛けるとしても、短い期間で早めに撤退して刻んでいきます。

■■■■■「刻む」日本株、「中・長期」で保有する米国株

日本株の場合は、トレンドが小刻みに転換するので「刻む」トレードが適しています。ところが、米国株はここまで解説したように上昇トレンドが長く続く傾向があるので、刻むより、買いで入ったら、中・長期で保有したほうがいいでしょう。

実際にトレードをすれば、**手じまいする局面はあまりない**と思います。PPP で入れば、なかなか5日線あるいは5週線、5カ月線が折れないからです。

米国株のトレードに慣れていくと、PPP が強い局面かどうかが判断できるようになり、**「強い」と予測できたら多めに買いを入れて、上昇して節目を超えたら買い増し、1回軽く下げて戻ったらまた買い増しするという戦い方**ができるようになると思います。

米国株は上昇傾向が強い銘柄を選び、月足、週足の PPP で入り、持っていれば大型銘柄でも1年間で2倍、3倍になることもなきにしもあらずです。

もし、3倍になったら、その資金を次の銘柄に投入して、それがまた3倍になれば、初期資金の9倍ですから、仮に初期投資が200万円でも1800万円になります。

資産を大きく増やせる、魅力的なトレードができるのではないでしょうか。

07

フェイスブック、スリーエム

下げても上がる可能性を考え、 上昇の予兆を狙う

■■■■2つのチャート例を解説

　1つ目は、**フェイスブック**の2012年から2021年までの月足です。 チャートを見て、この先を予測する際、みなさんは「今後は、下げ ても上がる可能性が高い」と思えるようになってください。

　そして、「空売りを取るのなら、少し取って手じまい。上げ始め たら、たくさん取ろう」という戦略を立てられるようになりましょ う。

　2013年に上げて、横ばいになって少し休みましたが、15年から

フェイスブックの月足チャート

凡例:
- 5カ月線
- 20カ月線
- 60カ月線
- 100カ月線

(usd)

17 年まではほぼ上昇しています。18 年から 19 年は下落、横ばいが続き、20 年は続伸しています。

　そして 21 年は、チャートのこの先はどうなると思いますか？

　前の高値に並んで下がるかもしれません。日本株なら、おそらくそのような動きになるでしょう。天井のあと下がるが、また上がって、前の高値にまでいかずにW天井をつけて下がっていく。実際のところ、日本株にはそのような動きを繰り返すものが多いのです。

　しかし、米国株の場合は PPP が〝鉄筋コンクリート〟並みに頑丈ですし、またフェイスブックですから、新たなニュースが出て上がる可能性も高いでしょう。

　もし今後、フェイスブックのような銘柄でトレードするなら、そのような可能性も考えて、戦略を立てていきましょう。

　すると、こんな戦い方ができると思います。

「PPP の局面で下げたら、上がる予兆を見つけて、買いで入る。そして、一時下落やさらに上がる予兆など、途中で買い増しできる局面では、買い増しをしながら保有する」

■■■ PPPの最中は下がっても戻る予兆で買い

　続いて 2 つ目は、**スリーエム**の 2013 年から 21 年の月足です。

　次ページの**チャート①**では 2013 年、14 年と 2 年間上げ、一服しましたが、また上がり、16 年の後半は少し休んで年末から 17 年は上昇が続いています。ここから、〝米国株は下がっても上がる〟〝上昇は長期間続く〟という特徴がわかります。

　トレードをシミュレーションするなら、この銘柄も買いが基本になります。13 年から 17 年までは PPP です。15 年に一時、下がっていますが、PPP の最中は下がっても、すぐ上がるという特徴がありますから、「下がっても戻るもの」と思って「戻る予兆」があ

れば買っていきます。

　17年から18年に下落トレンドに転換する株価の動きは、米国株でも日本株とほぼ同じです。天井をつけて、5カ月線が20カ月線の下に入って下がっています。

　ですから、この局面は日本株と同じように刻んで売買していきます。

■■■■週足でもPPPで入り、空売りは安全な場面で

　同じスリーエムを週足でトレードしてみましょう（次ページの**チャート②**）。

　週足でも、基本はPPPを探して、買いでエントリーし、中・長期の保有をしていくのが戦略になります。

　PPPですから、週足では移動平均線の並び方は、下から100週線、

スリーエムの月足チャート①

60 週線、20 週線、5 週線です。

　米国株は上がりやすいので 100 週線が一番下、その上に 60 週線、20 週線があれば、5 週線が 20 週線を割ってもいずれ戻ると予測できます。

　そこで下げ止まって横ばいになり、横ばいを抜けたところで買いを入れます。

　上昇から横ばいになったら、手じまいをします。

　下がっても、PPP が維持されている局面は戻る可能性が高いので、**戻るのを待って買います**。ですから、下がっても空売りはしません。

　天井をつけ、下落した局面では日本株と同じ手法でトレードをします。横並びになって株価の動きが不安定なところでは、何もしないのです。**空売りをするなら、リスクが少ない逆 PPP** になるまで待って売りを入れます。

スリーエムの週足チャート②

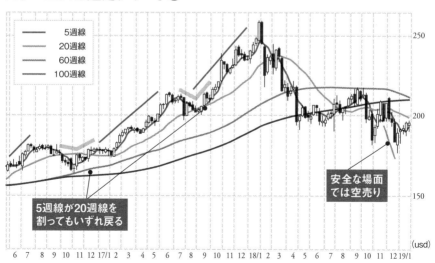

以上が、米国株の特徴を活かした相場式トレードです。

■■■■米国株の特徴と戦略のまとめ

この章の最後に、米国株の特徴と戦略をまとめておきます。

①米国株は、たとえメジャーな大型株でも大きく上昇する

世界中から資金が集まるのと、集まった資金を株主の利益に還元する方針がとられるためです。

②上昇は長期間にわたることが多い

そこで、トレードの基本はPPPを狙い、買いで攻めていきます。

③投資対象銘柄はPPPの銘柄を探す

その際は日足ではなくて、月足、週足がPPPの銘柄を選び、PPPなら買い、下落している銘柄でもPPPを維持していれば、上昇に戻ったところで買います。

④空売りをするなら、なるべく安全なところでエントリー

基本は上昇トレンドですので、空売りは長くは持たずに刻んで取るのがポイントです。

以上が、米国株の戦略になるでしょう。

日本株は刻んで取り、米国株はPPPを見つけ、中長期の保有で取れば、日本株と米国株の両者で大きな資産が築けると思います。

おわりに
10年で1億円超えのリアルな道のり!

　ここまで建玉の操作、デイトレード、米国株など、チャートを示しながら、相場式トレードの最新技術を述べてきました。

　では、最後に本書で解説した技術を身につければサラリーマンでも、主婦でも、学生でも、プロトレーダーではない、ごくごく普通の人が1億円の収益を上げることができるリアルな道のりを示しておきたいと思います。

　タイトルや表紙に「1億円」という言葉を冠した書籍を書店などで目にすることがあります。しかし、その本の中身を見ると、1億円への道筋が書かれていないものがほとんどです。

　それは少し不親切だなと思います。そこで最後に、**具体的に1億円を目指す道のり**を示しておくことにしました。1億円は、決して絵空事ではありません。次ページのプランを読めば1億円が現実のものとして見えてくると思います。

　まず、1億円を獲得するまでの段階を以下に示しました。8段階、10年で1億1100万円です。一攫千金ではない、現実的なプランです。

■■■■絵空事ではないリアルな道のり

　では、解説していきましょう。ここで大事なのは年月ではありません。「段階」がキーポイントなのです。

　自動車学校を思い出してください。普通車の仮免許取得までには

1億円超えのリアルな道のり

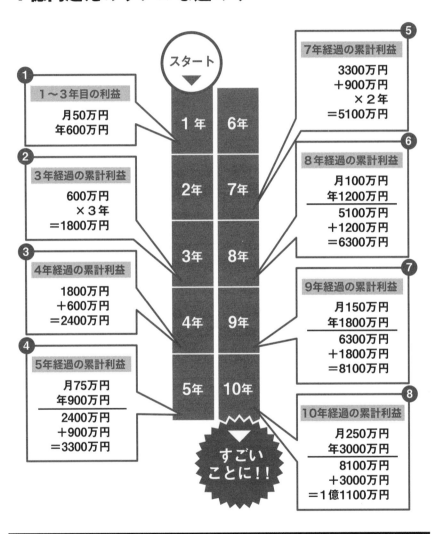

スタート

1 1〜3年目の利益
月50万円
年600万円

2 3年経過の累計利益
600万円
×3年
=1800万円

3 4年経過の累計利益
1800万円
+600万円
=2400万円

4 5年経過の累計利益
月75万円
年900万円
2400万円
+900万円
=3300万円

5 7年経過の累計利益
3300万円
+900万円
×2年
=5100万円

6 8年経過の累計利益
月100万円
年1200万円
5100万円
+1200万円
=6300万円

7 9年経過の累計利益
月150万円
年1800万円
6300万円
+1800万円
=8100万円

8 10年経過の累計利益
月250万円
年3000万円
8100万円
+3000万円
=1億1100万円

1年	6年
2年	7年
3年	8年
4年	9年
5年	10年

すごい
ことに!!

第一段階の技能、学科を修了しなければなりませんでした。修了までどのくらいの時間がかかるかはその人によって異なります。それと同じで、1億円までの8段階は必ずしも10年で修了しなければいけないというのではありません。12年かかる人がいてもいいのです。

スタートして、月50万円が1年と書きましたが、月50万円稼げるようになるのに2年かかってもかまいません。

ここに書いた年月は一応の目安です。一歩ずつ段階をクリアしていけば1億円は夢ではないということです。ですから、時間がかかってもあきらめないでください。

最初にスタートです。8段階でもっとも重要な段階といえます。
スタートとは「基本を極める」です。これができないとあとがありません。

基本——それは本書で解説した相場式エントリーポイントがわかることです。日々の株価の動きから、ストライクの局面を判断し、エントリーができて初めて、利益は追求できます。

これは買い、これは売りと決めて入ることができたか、失敗したら、その理由を考え、成功しても「まぐれではなかったのか」と振り返り、成功の理由も考える……。こうして基本を固めていくことが大切です。

プロの棋士は対局が終わると感想戦を行います。感想戦では勝者、敗者、両者が戦いを振り返り、勝った理由や弱点を話し合い、その反省を次の対局に活かしているのです。それと同じです。みなさんも、トレード日誌をつけて、自身が行ったトレードを振り返ってはどうでしょう？

■■■■最初を乗り越えれば、月50万円達成

　まず1年目は月間平均で50万円の利益が出せるようになること
を目指します。これはかなり大変であると思います。有望銘柄を数
カ月持っていたら50万円ほどの利益になったという話は聞きます
が、月間平均50万円の利益を1年間続けるのはそう簡単ではあり
ません。

　しかし、このような目標があれば、今月がダメなら、来月、それ
でもダメなら、その次の月というように、毎月、頑張れるはずです。
そして、毎月50万円が達成できると1億円への道のりが既定路線
になり、漠然としてではなく目標達成への道のりがはっきりと見え
てきます。

　月50万円ができたというのは、ある程度の力がついた結果です。
とはいえ、まだ不安定で、ある月は60万円だったり、40万円だっ
たり、マイナスの月もあったりしながらも、なんとか月平均50万
円で年間600万円になったという感じでしょう。

　年間600万円を3年間、続けます。1年目の反省を2年目に活かし、
失敗を克服し、勉強を重ねていけば使える技術は増えていき、しっ
かり定着していきます。そうすると、今までわからなかったことが
理解できるようになってきます。

　4年間で2400万円になります。相場式をきちんと勉強すれば
できます。チャートを読んでストライクのエントリーができるな
ど、かなりの力がついているでしょう。

■■■■5年目からはトレードで入れる額を増やす

　そこで**5年目からは1.5倍の月75万円、年間900万円**に設
定します。もう、的確なポイントでエントリーできるようになって
いるはずなので、前年よりトレードで入れる玉を少し多くしましょ

う。以前は100株だったが、ここからは200株にする、あるいは150株にする、500株、1000株にするなど、1回に入れる玉を多くします。すると75万円は達成できます。

　月75万円を3年間続けます。これをクリアすると自信がつきます。

　とはいえ、自信過剰になって、多額の売買をしないでください。一か八か、たくさんの玉を入れる博奕のようなトレードではなく、じっくり売買しましょう。3年間続けると、7年目終了で5100万円です。

　月75万円ができれば月100万円が可能にになります。最初に入れる玉をもう少し増やせばいいだけです。

　武道でも、スポーツでも、最初は大変ですが、ある程度できるようになると上達はそれまでより早くなり、もう、1年目にしていたような失敗はほとんどしなくなります。

　8年目は月100万円、年間1200万円です。**8年目を終了して資金が6300万円**になりました。

　9年目は1.5倍の月150万円です。ここは少し根性が要ります。

　ここまではなんとか達成できても、100万円を150万円にすると、難度がぐっと上がるのです。慎重に神経を集中させ、ポイントを押さえて、自分の弱点を克服しながら、研究を重ね、勉強も怠らずにトレードしないと達成できません。9年目は8年目よりずっと苦労するでしょう。私もそうでした。ここをなんとしても乗り越えてください。

　すると**9年目の資金は8100万円**です。

■■■■■月100万円以上の利益を取るための必要経費

ここで注意しておきたいことがあります。

　月に100万円、150万円が取れるようになると、失敗したときの

マイナス、つまり損切りの額が大きくなるということです。でも、その額に驚いて、ネガティブな気持ちにならないでほしいのです。

　3年目ぐらいまでは、損切りの額は1万5000円ほどでしょう。そして、2万円、3万円もの損切りになるとドキドキすると思います。ところが、月に75万円の利益が出せるようになると2万円、3万円など気にならなくなります。

　月に100万円近い利益が出せるようになると最初に入れる資金も大きくなり、ときには40万円もの損切りをすることがあります。最初は耐えられない、これ以上続けられないと思うかもしれません。

　しかし、10回のうち2、3回は失敗しても、あとの7、8回は成功するのです。40万円の損は7、8回の成功で十分、取り戻せる額です。

　今の私は3000万円ほどの利益を出すためなら、150万円の損切りは仕方がないと冷静に判断できますが、かつては30万円の損切りにあわてたものです。

　それが、**損切りは利益を上げるための必要経費**だと割り切れるようになりました。

　ですから、みなさんも、損切りが多額になっても、利益のために必要な経費と思って、前向きな気持ちでトレードを続けてください。多額の損切りに慣れる日が必ず来ます。

　月に150万円がなかなか達成できない、ひとりでトレードをしていると孤独で不安だ、損切りでくじけそうになるという日が続いたら、株塾への参加をおすすめします。私たちのアドバイスや講義を聴いて、また、頑張っている仲間の姿を見て、困難を乗り切っていけるからです。

■■■■ 10年目の月収100万円アップは案外ラク

そして **10年目。150万円を250万円にアップ**します。9年目の月150万円ができると、それを250万円にするのはそれほど難しくはなくなるものです。建玉の操作もできるし、1回の損切りが40万円になっても冷静な判断で切れるようになります。

月250万円、年間3000万円を稼ぐためには、パソコンに張り付く必要はありませんが、保有している玉は大丈夫か、そろそろ手じまいか、それとも追加かなど、「ああなればこうなる」「こうなれば違う方向に動く」など株価の動きをいくつも予測して、これまで以上に慎重にチェックしてください。

こうして **10年目にはついに1億1100万円に到達**です。

このプランは、絵に描いた餅などではありません。**私の実体験から作ったプラン**です。

最初の1年ぐらいは大変ですが、2年目、3年目は想像するほど難しくはないでしょう。きっとできると思います。5年目は意外にラクだと感じるでしょう。6、7年目もなんとかできると思います。しかし、9年目は苦労します。苦心惨憺、努力、鍛錬、自分を磨きながら乗り切るしかないでしょう。

私は合気道の稽古に励んでいますが、始めたときにはとても5段、6段など取れるはずがないと思っていました。それが壁にぶつかっても、苦労しても、ひたすら稽古を重ねるうち、いつしか、高位の有段者になっていたのです。

1億円への道のりも同様です。あきらめずに努力を続ければゴールは近づいてきます。

■■■■ 実力がつけば3億円も望める、すごいことに!

さて、何度も繰り返して言いますが、1億円への道のりで特に大

事なのは基本です。利益が安定するまでは基本を繰り返すことです。

　最初利益が出始めても、簡単に玉を増やさず、慎重に続けること
が大事です。少し、利益が出たからといって、倍入れると失敗した
ときには2倍、3倍のマイナスを被り、資金が底をついて再起不能
になりかねません。

　最初は1日5000円をコンスタントに取る。次は1万円というよ
うにコツコツやっていけば5000円、1万円取るのが当たり前になり、
そのうち5万円、10万円の利益が当たり前になり、ついには50万
円にもなっていきます。大事なのは愚直なまでに基本にこだわり、
マスターすることです。

　1億円への道のりで一番大事な部分は、最初の50万円到達まで
です。月50万円が取れれば年間で600万円です。

　毎月50万円なら10年間で6000万円、20年間で1億2000万円
です。それなら、プランのように月に100万円を目指さなくても、
それでいいという人がいるかもしれません。

　確かにそうかもしれません。ただ、このプランが達成できるとも
っと「すごいことに！！」なるのです。

　それは、このプランで1億円が取れた人は毎月きちんと設定通り
の利益を上げられる実力がついているはずです。その実力をもって
すれば年間3億円が現実的となるのです。これは、すごいと思いま
せんか？

　3億円を望まなくても、その実力で東京証券市場がある限り、世
界市場がある限り、一生涯にわたって月間平均250万円が稼げるの
です。本当にすごいことになるのです。

　そうなる第一歩が、最初の50万円到達です。これができないと
先に進めません。

　50万円到達を実現するための秘策は、少し宣伝になりますが、

よきトレーナーについて学ぶことかと思います。

　私も合気道を始めたときは本部道場の師範に1対1で教えてもらいました。最初が肝心だからです。

　独学で学ぶのは、かなり苦労します。おすすめはやはり、トレーナーにつくことです。プロのアスリートが一流のトレーナーについて技術の向上を図るのと同じです。読者のみなさんも、最初は株塾に入って学んだほうが、基本の技術が確実にそれも独学で学ぶよりは時間をかけずに身につくと思います。

■■■■ わかっていることとできることとは違う

　独学で技術をマスターしようと思ったら、一度、読んだだけで、できるような気になってはいけません。

　こんなことを言う人がいます。

「本を読んで建玉の操作をマスターしたのに失敗して損しました。本に書いてあることは役に立たないじゃないですか」

　失敗して当たり前です。英会話の本だって一度読んだぐらいでは外国人と流ちょうな日常会話などできるはずがありません。

　一度読んで、もう一度読んで、本を閉じてフレーズを声に出して何回も話して、やっとマスターしても、実際に外国人と話してみたら、スムーズに会話できなかった。そのようなことは珍しくありません。本がボロボロになるまで読んで、何度も、何度も、現場で苦労しながら覚えていくものです。

　トレードの技術も、それと同じです。

　一度さっと読んだぐらいで、わかった気になってトレードをしてもうまくいくはずはないのです。

　本書に書いた技術はとても有効です。実際のトレードから考案

し、開発し、実戦で使って、私だけでなく、スタッフや弟子たちが成功している技術です。どれひとつとっても、無駄な技術、根拠のない技術はありません。すべてがトレード本番で役立つことは実証済みです。ですから、何度も読み返し、技術を学ぶ意義があるのです。

そこで本書の技術をマスターするおすすめの学習法は、**まずはひとつの項目に絞って勉強して、次のステップにいく方法**です。**広く浅くではなく、狭く深く学んでいく**のです。

たとえば移動平均線の5日線とローソク足の攻略に絞る——ものわかれ、下半身、5日線とローソク足だけでいろいろなチャートを見て極めていく。本書に載せた基本のワザを極める。これに数カ月かけて、それまではトレードしない。

生半可な技術では実戦に挑むと大ケガを負って退場になってしまうことがあるからです。

狭く深く、地に足をつけて、しっかり勉強すれば1億円は現実のものになると約束しましょう。

「命がけ」という言葉があります。トレーディングに命をかける必要はありませんが、それぐらいの思いで、勉強して、この道のりをこなせば1億円は夢ではないのです。

そして「1億円は獲得できる」と信じてスタートを切ってください。

信じて始めることが夢への第一歩です。

本書が読者のみなさんを大成功に導く、よきバイブルとなることを願って、筆を置きます。

【著者】

相場師朗（あいばしろう）

◎株歴38年の株職人。〝株匠〞を目指している。20歳で株式投資を始めて20年間、「日本郵船」1銘柄のみの売買に集中し、莫大な利益を得る。その後、宮本武蔵が洞窟に籠るがごとく、チャートと建玉の研究に没頭する。今や日本株のほかに、米国株、イタリア指数、イギリス指数、ユーロ指数、ゴールド、原油、コーン、FX など、どの市場でも大きな利益を生み出す。
◎現在では、自身が研究を重ねた投資法を発表する場として、投資塾「株塾」を主宰。塾生は増え続けて、今やアジア最大級となる。また、講演活動の場は日本のみならず、米国、台湾、シンガポール、イギリス、ドイツ、フランスなど各国に広がる。
◎『37年連戦連勝 伝説の株職人が教える 株の技術大全』『36年連戦連勝 伝説の株職人が教える! 株チャート図鑑』（以上、小社刊）など著書多数。

38年連戦連勝 伝説の株職人が教える 究極の神チャート術
株は3つのサインが読めればいい!

2021年3月22日　初版第1刷発行
2024年2月9日　初版第5刷発行

著　者	相場師朗
発行者	小川 淳
発行所	SBクリエイティブ株式会社
	〒105-0001　東京都港区虎ノ門2-2-1

執筆協力	小川美千子
装　幀	井上新八
本文デザイン	荒井雅美（トモエキコウ）
株チャート作成	スタジオ・エスパス　rilako
組　版	アーティザンカンパニー株式会社
印刷・製本	中央精版印刷株式会社

本書をお読みになったご意見・ご感想を下記URL、
または左記QRコードよりお寄せください。
https://isbn2.sbcr.jp/09917/

好評既刊！

**株式界のレジェンドが
「秘伝の技術」を解説！**

37年連戦連勝 伝説の株職人が教える
株の技術大全

相場師朗 著

定価1540円（本体1400円＋税10%）
ISBN 978-4-8156-0491-2

トレードで勝つ秘訣！初級者は「ストライク」のチャートにだけ手を出せばいい。
勝ちにいける「ストライク」、手を出してはいけない「アウト」の両面から、チャートの見方をとことん丁寧に教えます。

SB クリエイティブ